NCS
경기교통공사

필기전형 (인/적성검사 + 직업기초능력평가)

PREFACE

우리나라 기업들은 1960년대 이후 현재까지 비약적인 발전을 이루었다. 이렇게 급속한 성장을 이룰 수 있었던 배경에는 우리나라 국민들의 근면성 및 도전정신이 있었다. 그러나 빠르게 변화하는 세계 경제의 환경에 적응하기 위해서는 근면성과 도전정신 이외에 또 다른 성장 요인이 필요하다.

최근 많은 공사·공단에서는 기존의 직무 관련성에 대한 고려 없이 인·적성, 지식 중심으로 치러지던 필기전형을 탈피하고, 산업현장에서 직무를 수행하기 위해 요구되는 능력을 산업부문별·수준별로 체계화 및 표준화한 NCS를 기반으로 하여 채용공고 단계에서 제시되는 '직무 설명자료'상의 직업기초능력과 직무수행능력을 측정하기 위한 직업기초능력평가, 직무수행능력평가 등을 도입하고 있다.

경기교통공사에서도 업무에 필요한 역량 및 책임감과 적응력 등을 구비한 인재를 선발하기 위하여 고유의 직업기초능력평가를 치르고 있다. 본서는 경기교통공사 채용대비를 위한 필독서로 경기교통공사 직업기초능력평가의 출제경향을 철저히 분석하여 응시자들이 보다 쉽게 시험유형을 파악하고 효율적으로 대비할 수 있도록 구성했다.

신념을 가지고 도전하는 사람은 반드시 그 꿈을 이룰 수 있습니다. 처음에 품은 신념과 열정이 취업 성공의 그 날까지 빛바래지 않도록 서원각이 수험생 여러분을 응원합니다.

STRUCTURE

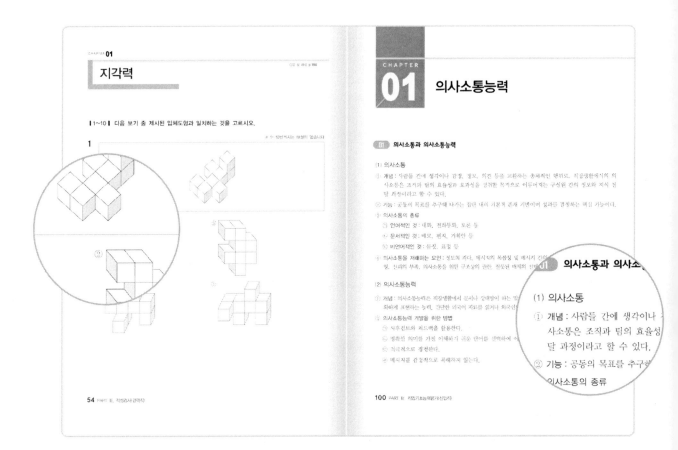

적성검사

경력직 필기전형 과목인 적성 검사 출제예상문제를 엄선하 여 수록하였습니다.

직업기초능력평가

신입직 필기전형 과목인 직업 기초능력평가를 핵심이론과 예 상문제로 구성하였습니다.

정답 및 해설

문제의 핵심을 꿰뚫는 명쾌하 고 자세한 해설로 수험생들의 이해를 돕습니다.

CONTENTS

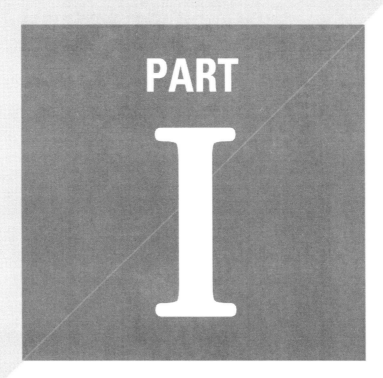

PART
I

경기교통공사 소개

CHAPTER 01

기업소개 및 채용안내

01 기업소개

(1) 비전 및 미션

미션	GTRANS 경기교통공사	비전
대중교통 플랫폼 구축을 통한 새로운 교통질서 확립		자가용보다 더 편리한 대중교통체계 구축

(2) 목표 및 추진과제

① 경기교통공사 조기 안착 및 활성화

    ㉠ 경기교통공사 운영계획 수립

    ㉡ 경기교통공사 비전 및 로드맵 수립

    ㉢ 신교통수단(수요맞춤형 버스) 도입 등 사업계획 추진

    ㉣ 경기교통공사 출범식 개최

② 경기도 공공버스 추진

    ㉠ 노선입찰 방식의 경기도 공공버스 운영

    ㉡ 공공의 노선 확보를 통한 공익성 강화

    ㉢ 노선입찰제 방식 경쟁 입찰에 따른 재정부담 완화

    ㉣ 운송사업자 평가 강화로 버스 서비스 증진

    ㉤ 시범노선 안정화 및 조기 확대운영

③ 교통서비스 개선 추진

    ㉠ 청소년 교통비 부담 완화를 위한 교통비 지원

    ㉡ 환승거점 버스이용승객 편의 공간 조성

    ㉢ 교통서비스 개선을 위한 대중교통 전산플랫폼 구축 추진

    ㉣ 교통공사 설립과 관련된 전산환경 및 홈페이지 구축 추진

(3) 주요사업

① 경기도공공버스

  ㉠ 사업노선 입찰 및 운송사업자 선정 : 새로운 버스 준공영제인 경기도 공공버스의 사업노선 입찰절차 마련 후 해당절차에 따라 체계적으로 운송사업자를 선정

  ㉡ 노선운영 및 서비스 평가 : 도민이 체감하고 만족할 수 있는 고품질 버스운송서비스 제공을 위한 인프라 구축, 승무사원 교육, 운송서비스 평가를 수행

② 경기버스라운지 … 광역교통 환승거점에 버스를 이용하는 도민들을 위한 승차 대기공간을 조성·운영하여 대중교통 서비스 질 향상을 통한 도정 만족도 제고

③ 경기도청소년교통비지원 … 경기시내버스와 마을버스 요금이 인상됨에 따라, 대중교통 이용 빈도는 높지만 경제적으로 취약한 청소년들의 교통비 부담 완화에 목적

02 채용안내

(1) 채용분야 및 인원

직급	분야	인원	담당 업무
3급 (경력경쟁)	교통	1	• 여객자동차 운송사업(수요맞춤형 버스 등) 기획 및 업무 총괄 • 청소년 교통비 지원사업 업무 총괄
		1	• 환승시설 사업 기획 및 업무 총괄 • 경기버스라운지 운영 업무 총괄
		1	• 철도운영지원 사업 기획 및 업무 총괄
4급 (경력경쟁)	행정	3	• 경영기획, 홍보, 인사, 위수탁협약 관리 등
	회계	1	• 예산, 결산, 계약, 회계
	전산	1	• 청소년 교통비 지원 사업 • 버스예약 플랫폼 구축 및 교통비 전산시스템 운영
	교통	3	• 여객자동차 운송사업(수요맞춤형 버스 등) 운영 관리 • 준공영제 사업 관리(노선설계 등) • 환승시설 구축 • 경기버스라운지 운영
	철도	1	• 철도운영 협약, 협상대행 등

5급 (경력경쟁)	행정	1	• 대외협력(지자체, 의회 등), 홍보 • 사업 정산, 자산관리, 민원상담
	교통	3	• 교통사업 추진, 민원상담 　(여객자동차 운송사업, 준공영제, 철도운영 등)
6급 (공개경쟁) [일반]	회계	1	• 지출, 수입, 세무, 자산 · 자금관리
	전산	1	• 전산, 통신, 홈페이지 구축 등
	건축	1	• 환승시설 구축 지원(건축)
	전기통신	1	• 환승시설 구축 지원(전기통신)
	행정 · 교통	3	• 급여, 노무, 복리후생, 총무, 민원상담
6급 (공개경쟁) [지역제한]	행정 · 교통	4	• 교통사업 추진 지원, 정산 및 민원상담 　(여객자동차 운송사업, 준공영제, 철도운영 등)

(2) 근무조건

① **근무시간** ··· 주 5일(월~금), 1일 8시간(09:00~18:00)

② **근무지** ··· 경기교통공사(경기도 양주시 옥정로6길 18)

③ **수습기간** ··· 각 분야 채용예정자는 3개월간의 수습기간을 두며, 수습기간 만료 시점에 평가를 거쳐 정규임용 여부를 결정함

④ **급여형태** ··· 연봉제(보수 수준은 공사 내부기준에 따름)

(3) 채용 자격기준 및 우대사항

① **공통자격**

　㉠ 채용공고일 기준 만 18세 이상 만 60세 미만인 사람

　㉡ 경기교통공사 채용 결격사유에 해당하지 아니한 사람

② **채용 분야 및 직급별 응시 자격** ··· 다음 자격 기준 중 하나 이상을 갖춘 사람

　㉠ 일반직 3급

　　• 기업체 등에서 과장급 이상으로 3년 이상 근무한 경력이 있는 자

　　• 공무원 5급 이상으로 근무하거나 6급으로 5년 이상 근무한 경력이 있는 자

　　• 국가 또는 지방자치단체가 50퍼센트 이상 투자한 기관에서 3급 과장급 이상으로 2년 이상 근무한 경력이 있는 자

　　• 기사 이상의 자격으로 10년 이상의 해당분야에 근무한 경력이 있는 자

　　• 위 각호의 어느 하나에 상당하는 자격 또는 능력이 있다고 인정되는 사람

© 일반직 4급
- 기업체 등에서 대리급 이상으로 3년 이상 근무한 경력이 있는 자
- 공무원 6급 이상으로 근무하거나 7급으로 5년 이상 근무한 경력이 있는 자
- 국가 또는 지방자치단체가 50퍼센트 이상 투자한 기관에서 대리급 이상으로 2년 이상 근무한 경력이 있는 자
- 기사 이상의 자격으로 7년 이상의 해당 분야에 근무한 경력이 있는 자
- 위 각호의 어느 하나에 상당하는 자격 또는 능력이 있다고 인정되는 사람

© 일반직 5급
- 기업체 등에서 2년 이상 근무한 경력이 있는 자
- 공무원 7급 이상으로 근무하거나 8급으로 4년 이상 근무한 경력이 있는 자
- 국가 또는 지방자치단체가 50퍼센트 이상 투자한 기관에서 평사원으로 2년 이상 근무한 경력이 있는 자
- 기사 이상의 자격을 가진 자
- 위 각호의 어느 하나에 상당하는 자격 또는 능력이 있다고 인정되는 사람

② 일반직 6급
- 공통 : 해당 직무에 필요한 기본적 지식과 소양을 갖추고, 직무를 성실히 수행할 인성을 갖춘 사람
- 양주시 지역제한 : 2020년 1월 1일 이전부터 채용공고일 현재까지 계속하여 양주시에 주민등록상 주소지를 갖고 있는 자

③ 우대사항 … 각 전형별 만점의 5% 또는 10% 가산

구분	가점	세부내용 및 우대전형	적용대상
취업지원대상자	5% 또는 10%	• 취업보호(지원) 대상자로서 공고일 기준 유효하게 등록되어야 함 – 「국가유공자 등 예우 및 지원에 관한 법률」 제31조에 따른 취업지원대상자 – 「독립유공자예우에 관한 법률」 제16조에 따른 취업지원대상자 – 「보훈보상대상자 지원에 관한 법률」 제35조에 따른 취업지원대상자 – 「고엽제후유의증 등 환자지원 및 단체설립에 관한 법률」 제7조에 따른 취업지원 대상자 – 「5·18민주유공자예우에 관한 법률」 제22조에 따른 취업지원대상자 – 「특수임무유공자 예우 및 단체설립에 관한 법률」 제24조에 따른 취업지원 대상자 ※ 취업지원대상자 여부와 가점비율은 본인이 사전에 직접 국가보훈처 및 지방보훈청에 확인요망	채용인원 3명 이하 분야 미적용
장애인	5%	「장애인고용촉진 및 직업재활보호법」 제2조에 따른 장애인으로서 공고일 기준 유효하게 등록되어야 함	모든 채용 분야

(4) 전형방법

① 경력직(3급~5급) : 1차(서류전형) → 2차(필기전형) → 3차(면접전형)

전형구분		응시대상	세부내용
1차	서류 전형	입사지원자 전원	• 입사지원서를 바탕으로 정성평가를 실시하여 고득점자순 모집인원의 4배수 선발 • 동점자는 전원 합격처리
2차	필기 전형	서류전형 합격자 (4배수)	• 인 · 적성검사(90분) – 인성검사 : 성실성, 사회성, 적극성 등을 측정(228문항) – 적성검사 : 지각력, 관찰력, 수리력 등을 측정(70문항) • 인적성검사 결과 부적격자 탈락 처리
3차	면접 전형	필기전형 합격자	• 다대다 면접 실시 • 면접 고득점자 순으로 선발 • 동점자의 경우, 취업지원대상자 → 필기전형(적성검사) → 서류전형 고득점자 순으로 선발

② 신입직(6급) : 1차(필기전형) → 2차(면접전형)

전형구분		응시대상	세부내용
1차	필기 전형	입사지원자 전원	• 직업기초능력평가(60분) : 의사소통능력, 문제해결능력 등 총 50문항 • 직무수행능력평가(60분) : 지원분야별 전공시험 각 50문항 ※ 전공시험과목 : 회계 · 세무, 상식(경영, 회계, 행정), 전산학, 교통공학, 건축공학, 전기이론, 통신일반 • 인성검사(30분) : 성실성, 사회성, 적극성 등을 측정(228문항) • 직업기초능력평가와 직무수행능력평가 결과를 합산하여 고득점자 순 4배수 선발(총점이 같은 경우 직무수행능력평가 고득점 순) • 인성검자 부적격자 탈락 처리
2차	응시자격 확인	필기전형 합격자 (4배수)	• 필기시험 고득점자 순으로 최종 합격인원의 4배수 선발하여 응시자격 적부 확인 • 불성실 기재자 불합격 처리(의미 없는 단어 반복, 타인과 동일한 내용 등) • 적격자는 모두 합격처리
3차	면접 전형	필기전형 합격자 (4배수)	• 다대다 면접 실시 • 면접 고득점자 순으로 선발 • 동점자의 경우, 취업지원대상자 → 필기전형 고득점자 순으로 선발

③ 합격자 발표 … 개별통보 및 경기교통공사 홈페이지 공고

※ 추가 합격자 결정 : 최종합격자가 임용포기, 결격사유 등의 사정으로 결원을 보충할 필요가 있는 경우에는 합격자 발표일로부터 3개월 이내에 차순위로 평정성적이 우수한 자를 추가합격자로 결정할 수 있음

CHAPTER 02 관련기사

공공성 강화 대중교통 컨트롤 타워 '경기교통공사' 법인 설립 마치고 12월 출항

양주시 옥정동 신도시에 둥지, 조직은 1본부 5개팀 정원 98명, 자본금 185억 원

교통 공공성 강화를 위한 민선7기 경기도의 핵심 공약 '경기교통공사'가 최근 법인 설립등기 및 사업자등록을 완료, 12월부터 본격 운영에 돌입한다. 13일 도에 따르면, '경기교통공사'는 도시 및 도농 복합 등 지역별 특성이 매우 다양한 도내 시군의 대중교통 체계를 통합·관리하는 교통 전담기구로, 보다 전문적이고 효율적인 대중교통서비스를 제공하는데 목적을 뒀다.

도 단위 광역지자체에서 교통공사를 설립하는 것은 이번이 최초로, 앞으로 경기도 공공버스 운영·관리, 철도망 구축·운영, 대중교통환승시설 확대, 신교통수단 운영 등 대중교통 통합 컨트롤 타워로서의 기능을 수행하게 된다. 이처럼 공공성과 효율성을 강화하는 것은 물론, 대중교통에 대한 코로나 19 방역 강화, 도민 보건·안전 확보 등 코로나 시대에 걸맞은 도민 교통기본권을 보장하는데도 적극 힘쓸 계획이다.

특히 지난해 공사설립 타당성 용역결과, 향후 5년간 1,839억 원의 생산·부가가치 유발, 1,047명의 일자리 창출 등의 효과가 발생할 것으로 기대된다. 조직은 1본부(경영기획본부), 4팀(경영기획팀, 준공영운영팀, 광역교통시설팀), 1센터(버스운송센터)로 구성되며, 버스승무사원을 포함한 정원은 총 98명이다. 사업추진을 위한 자본금은 185억 원으로 경기도가 전액 출자한다.

청사는 시군 공모를 통해 양주시 옥정동 중심상가지구에 마련했다. 수도권 규제 및 군사보호구역 등 중첩규제로 '특별한 희생'을 감내해온 양주로의 교통공사 입주는 민선7기 도정핵심가치 '공정'을 실현하는 의미이자, 경기 북부 지역 광역교통발전의 신 성장 동력이 될 것으로 전망된다.

정상균 사장은 "설립초기에는 공공버스 운영 등 편리하고 안전한 대중교통서비스의 중단 없는 제공과 조직안정화에 주력하고, 빅데이터를 적용해 버스·철도·환승 등 대중교통을 융합·획기적으로 운영하겠다."라고 말했다.

- 2020. 12. 22.

면접질문
- 우리 공사의 설립 목적에 대해 말해 보시오.
- 우리 공사가 앞으로 주력해 나아가야 할 방향에 대해 제시해 보시오.

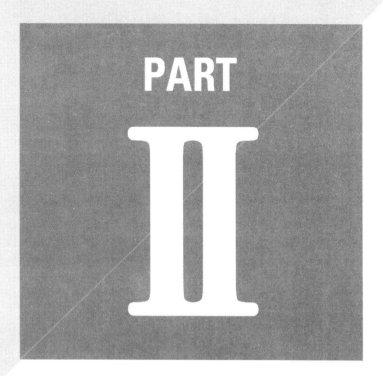

PART

II

인성검사

CHAPTER 01

인성검사의 개요

01 인성(성격)검사의 개념과 목적

인성이란 개인을 특징짓는 평범하고 일상적인 사회적 이미지, 즉 지속적이고 일관된 공적 성격(Public – personality)이며, 환경에 대응함으로써 선천적·후천적 요소의 상호작용으로 결정화된 심리적·사회적 특성 및 경향을 의미한다.

인성검사는 직무능력검사를 실시하는 대부분의 기관에서 병행하여 실시하고 있으며, 인성검사만 독자적으로 실시하는 기관도 있다.

채용기관에서는 인성검사를 통하여 각 개인이 어떠한 성격 특성이 발달되어 있고, 어떤 특성이 얼마나 부족한지, 그것이 해당 직무의 특성 및 조직문화와 얼마나 맞는지를 알아보고 이에 적합한 인재를 선발하고자 한다. 또한 개인의 성격에 적합한 직무 배분과 부족한 부분을 교육을 통해 보완하도록 할 수 있다.

인성검사의 측정요소는 검사방법에 따라 차이가 있다. 또한 각 기관들이 사용하고 있는 인성검사는 기존에 개발된 인성검사 방법에 각 기관의 인재상을 적용하여 자신들에게 적합하게 재개발하여 사용하는 경우가 많다. 그러므로 기관에서 요구하는 인재상을 파악하여 그에 따른 대비책을 준비하는 것이 바람직하다. 본서에서 제시된 인성검사는 크게 '특성'과 '유형'의 측면에서 측정하게 된다.

02 성격의 특성

(1) 정서적 측면

정서적 측면은 평소 마음의 당연시하는 자세나 정신상태가 얼마나 안정되어 있는지 또는 불안정한지를 측정한다.

정서의 상태는 직무수행이나 대인관계와 관련하여 태도나 행동으로 드러난다. 그러므로 정서적 측면을 측정하는 것에 의해, 장래 조직 내의 인간관계에 어느 정도 잘 적응할 수 있을까(또는 적응하지 못할까)를 예측하는 것이 가능하다.

그렇기 때문에, 정서적 측면의 결과는 채용 시에 상당히 중시된다. 아무리 능력이 좋아도 장기적으로 조직 내의 인간관계에 잘 적응할 수 없다고 판단되는 인재는 기본적으로는 채용되지 않는다.

일반적으로 인성검사는 채용과는 관계없다고 생각하나 정서적으로 조직에 적응하지 못하는 인재는 채용단계에서 가려내지는 것을 유의하여야 한다.

① 민감성(신경도) … 꼼꼼함, 섬세함, 성실함 등의 요소를 통해 일반적으로 신경질적인지 또는 자신의 존재를 위협받는다는 불안을 갖기 쉬운지를 측정한다.

질문	전혀 그렇지 않다	그렇지 않다	그렇다	매우 그렇다
• 배려적이라고 생각한다.				
• 어지러진 방에 있으면 불안하다.				
• 실패 후에는 불안하다.				
• 세세한 것까지 신경쓴다.				
• 이유 없이 불안할 때가 있다.				

▶측정결과

㉠ '그렇다'가 많은 경우(상처받기 쉬운 유형) : 사소한 일에 신경 쓰고 다른 사람의 사소한 한마디 말에 상처를 받기 쉽다.
• 면접관의 심리 : '동료들과 잘 지낼 수 있을까?', '실패할 때마다 위축되지 않을까?'
• 면접대책 : 다소 신경질적이라도 능력을 발휘할 수 있다는 평가를 얻도록 한다. 주변과 충분한 의사소통이 가능하고, 결정한 것을 실행할 수 있다는 것을 보여주어야 한다.
㉡ '그렇지 않다'가 많은 경우(정신적으로 안정적인 유형) : 사소한 일에 신경 쓰지 않고 금방 해결하며, 주위 사람의 말에 과민하게 반응하지 않는다.
• 면접관의 심리 : '계약할 때 필요한 유형이고, 사고 발생에도 유연하게 대처할 수 있다.'
• 면접대책 : 일반적으로 '민감성'의 측정치가 낮으면 플러스 평가를 받으므로 더욱 자신감 있는 모습을 보여준다.

② 자책성(과민도) … 자신을 비난하거나 책망하는 정도를 측정한다.

질문	전혀 그렇지 않다	그렇지 않다	그렇다	매우 그렇다
• 후회하는 일이 많다. • 자신이 하찮은 존재라 생각된다. • 문제가 발생하면 자기의 탓이라고 생각한다. • 무슨 일이든지 끙끙대며 진행하는 경향이 있다. • 온순한 편이다.				

▶측정결과

㉠ '그렇다'가 많은 경우(자책하는 유형) : 비관적이고 후회하는 유형이다.
 • 면접관의 심리 : '끙끙대며 괴로워하고, 일을 진행하지 못할 것 같다.'
 • 면접대책 : 기분이 저조해도 항상 의욕을 가지고 생활하는 것과 책임감이 강하다는 것을 보여준다.

㉡ '그렇지 않다'가 많은 경우(낙천적인 유형) : 기분이 항상 밝은 편이다.
 • 면접관의 심리 : '안정된 대인관계를 맺을 수 있고, 외부의 압력에도 흔들리지 않는다.'
 • 면접대책 : 일반적으로 '자책성'의 측정치가 낮아야 좋은 평가를 받는다.

③ 기분성(불안도) … 기분의 굴곡이나 감정적인 면의 미숙함이 어느 정도인지를 측정하는 것이다.

질문	전혀 그렇지 않다	그렇지 않다	그렇다	매우 그렇다
• 다른 사람의 의견에 자신의 결정이 흔들리는 경우가 많다. • 기분이 쉽게 변한다. • 종종 후회한다. • 다른 사람보다 의지가 약한 편이라고 생각한다. • 금방 싫증을 내는 성격이라는 말을 자주 듣는다.				

▶측정결과

㉠ '그렇다'가 많은 경우(감정의 기복이 많은 유형) : 의지력보다 기분에 따라 행동하기 쉽다.
 • 면접관의 심리 : '감정적인 것에 약하며, 상황에 따라 생산성이 떨어지지 않을까?'
 • 면접대책 : 주변 사람들과 항상 협조한다는 것을 강조하고 한결같은 상태로 일할 수 있다는 평가를 받도록 한다.

㉡ '그렇지 않다'가 많은 경우(감정의 기복이 적은 유형) : 감정의 기복이 없고, 안정적이다.
 • 면접관의 심리 : '안정적으로 업무에 임할 수 있다.'
 • 면접대책 : 기분성의 측정치가 낮으면 플러스 평가를 받으므로 자신감을 가지고 면접에 임한다.

④ 독자성(개인도) … 주변에 대한 견해나 관심, 자신의 견해나 생각에 어느 정도의 속박감을 가지고 있는지를 측정한다.

질문	전혀 그렇지 않다	그렇지 않다	그렇다	매우 그렇다
• 창의적 사고방식을 가지고 있다. • 융통성이 있는 편이다. • 혼자 있는 편이 많은 사람과 있는 것보다 편하다. • 개성적이라는 말을 듣는다. • 교제는 번거로운 것이라고 생각하는 경우가 많다.				

▶측정결과

㉠ '그렇다'가 많은 경우 : 자기의 관점을 중요하게 생각하는 유형으로, 주위의 상황보다 자신의 느낌과 생각을 중시한다.

• 면접관의 심리 : '제멋대로 행동하지 않을까?'

• 면접대책 : 주위 사람과 협조하여 일을 진행할 수 있다는 것과 상식에 얽매이지 않는다는 인상을 심어준다.

㉡ '그렇지 않다'가 많은 경우 : 상식적으로 행동하고 주변 사람의 시선에 신경을 쓴다.

• 면접관의 심리 : '다른 직원들과 협조하여 업무를 진행할 수 있겠다.'

• 면접대책 : 협조성이 요구되는 기업체에서는 플러스 평가를 받을 수 있다.

⑤ 자신감(자존심도) ··· 자기 자신에 대해 얼마나 긍정적으로 평가하는지를 측정한다.

질문	전혀 그렇지 않다	그렇지 않다	그렇다	매우 그렇다
• 다른 사람보다 능력이 뛰어나다고 생각한다. • 다소 반대의견이 있어도 나만의 생각으로 행동할 수 있다. • 나는 다른 사람보다 기가 센 편이다. • 동료가 나를 모욕해도 무시할 수 있다. • 대개의 일을 목적한 대로 헤쳐나갈 수 있다고 생각한다.				

▶측정결과

㉠ '그렇다'가 많은 경우 : 자기 능력이나 외모 등에 자신감이 있고, 비판당하는 것을 좋아하지 않는다.
  • 면접관의 심리 : '자만하여 지시에 잘 따를 수 있을까?'
  • 면접대책 : 다른 사람의 조언을 잘 받아들이고, 겸허하게 반성하는 면이 있다는 것을 보여주고, 동료들과 잘 지내며 리더의 자질이 있다는 것을 강조한다.

㉡ '그렇지 않다'가 많은 경우 : 자신감이 없고 다른 사람의 비판에 약하다.
  • 면접관의 심리 : '패기가 부족하지 않을까?', '쉽게 좌절하지 않을까?'
  • 면접대책 : 극도의 자신감 부족으로 평가되지는 않는다. 그러나 마음이 약한 면은 있지만 의욕적으로 일을 하겠다는 마음가짐을 보여준다.

⑥ 고양성(분위기에 들뜨는 정도) ··· 자유분방함, 명랑함과 같이 감정(기분)의 높고 낮음의 정도를 측정한다.

질문	전혀 그렇지 않다	그렇지 않다	그렇다	매우 그렇다
• 침착하지 못한 편이다. • 다른 사람보다 쉽게 우쭐해진다. • 모든 사람이 아는 유명인사가 되고 싶다. • 모임이나 집단에서 분위기를 이끄는 편이다. • 취미 등이 오랫동안 지속되지 않는 편이다.				

▶측정결과

㉠ '그렇다'가 많은 경우 : 자극이나 변화가 있는 일상을 원하고 기분을 들뜨게 하는 사람과 친밀하게 지내는 경향이 강하다.

• 면접관의 심리 : '일을 진행하는 데 변덕스럽지 않을까?'

• 면접대책 : 밝은 태도는 플러스 평가를 받을 수 있지만, 착실한 업무능력이 요구되는 직종에서는 마이너스 평가가 될 수 있다. 따라서 자기조절이 가능하다는 것을 보여준다.

㉡ '그렇지 않다'가 많은 경우 : 감정이 항상 일정하고, 속을 드러내 보이지 않는다.

• 면접관의 심리 : '안정적인 업무 태도를 기대할 수 있겠다.'

• 면접대책 : '고양성'의 낮음은 대체로 플러스 평가를 받을 수 있다. 그러나 '무엇을 생각하고 있는지 모르겠다' 등의 평을 듣지 않도록 주의한다.

⑦ 허위성(진위성) … 필요 이상으로 자기를 좋게 보이려 하거나 기업체가 원하는 '이상형'에 맞춘 대답을 하고 있는지, 없는지를 측정한다.

질문	전혀 그렇지 않다	그렇지 않다	그렇다	매우 그렇다
• 약속을 깨뜨린 적이 한 번도 없다. • 다른 사람을 부럽다고 생각해 본 적이 없다. • 꾸지람을 들은 적이 없다. • 사람을 미워한 적이 없다. • 화를 낸 적이 한 번도 없다.				

▶측정결과

㉠ '그렇다'가 많은 경우 : 실제의 자기와는 다른, 말하자면 원칙으로 해답할 가능성이 있다.

• 면접관의 심리 : '거짓을 말하고 있다.'

• 면접대책 : 조금이라도 좋게 보이려고 하는 '거짓말쟁이'로 평가될 수 있다. '거짓을 말하고 있다.'는 마음 따위가 전혀 없다 해도 결과적으로는 정직하게 답하지 않는다는 것이 되어 버린다. '허위성'의 측정 질문은 구분되지 않고 다른 질문 중에 섞여 있다. 그러므로 모든 질문에 솔직하게 답하여야 한다. 또한 자기 자신과 너무 동떨어진 이미지로 답하면 좋은 결과를 얻지 못한다. 그리고 면접에서 '허위성'을 기본으로 한 질문을 받게 되므로 당황하거나 또다른 모순된 답변을 하게 된다. 겉치레를 하거나 무리한 욕심을 부리지 말고 '이런 사회인이 되고 싶다.'는 현재의 자신보다, 조금 성장한 자신을 표현하는 정도가 적당하다.

㉡ '그렇지 않다'가 많은 경우 : 냉정하고 정직하며, 외부의 압력과 스트레스에 강한 유형이다. '대쪽 같음'의 이미지가 굳어지지 않도록 주의한다.

(2) 행동적인 측면

행동적 측면은 인격 중에 특히 행동으로 드러나기 쉬운 측면을 측정한다. 사람의 행동 특징 자체에는 선도 악도 없으나, 일반적으로는 일의 내용에 의해 원하는 행동이 있다. 때문에 행동적 측면은 주로 직종과 깊은 관계가 있는데 자신의 행동 특성을 살려 적합한 직종을 선택한다면 플러스가 될 수 있다.

행동 특성에서 보여 지는 특징은 면접장면에서도 드러나기 쉬운데 본서의 모의 TEST의 결과를 참고하여 자신의 태도, 행동이 면접관의 시선에 어떻게 비치는지를 점검하도록 한다.

① 사회적 내향성 … 대인관계에서 나타나는 행동경향으로 '낯가림'을 측정한다.

질문	선택
A : 파티에서는 사람을 소개받은 편이다. B : 파티에서는 사람을 소개하는 편이다.	
A : 처음 보는 사람과는 어색하게 시간을 보내는 편이다. B : 처음 보는 사람과는 즐거운 시간을 보내는 편이다.	
A : 친구가 적은 편이다. B : 친구가 많은 편이다.	
A : 자신의 의견을 말하는 경우가 적다. B : 자신의 의견을 말하는 경우가 많다.	
A : 사교적인 모임에 참석하는 것을 좋아하지 않는다. B : 사교적인 모임에 항상 참석한다.	

▶측정결과

㉠ 'A'가 많은 경우 : 내성적이고 사람들과 접하는 것에 소극적이다. 자신의 의견을 말하지 않고 조심스러운 편이다.
  • 면접관의 심리 : '소극적인데 동료와 잘 지낼 수 있을까?'
  • 면접대책 : 대인관계를 맺는 것을 싫어하지 않고 의욕적으로 일을 할 수 있다는 것을 보여준다.

㉡ 'B'가 많은 경우 : 사교적이고 자기의 생각을 명확하게 전달할 수 있다.
  • 면접관의 심리 : '사교적이고 활동적인 것은 좋지만, 자기주장이 너무 강하지 않을까?'
  • 면접대책 : 협조성을 보여주고, 자기주장이 너무 강하다는 인상을 주지 않도록 주의한다.

② 내성성(침착도) … 자신의 행동과 일에 대해 침착하게 생각하는 정도를 측정한다.

질문	선택
A : 시간이 걸려도 침착하게 생각하는 경우가 많다. B : 짧은 시간에 결정을 하는 경우가 많다.	
A : 실패의 원인을 찾고 반성하는 편이다. B : 실패를 해도 그다지(별로) 개의치 않는다.	
A : 결론이 도출되어도 몇 번 정도 생각을 바꾼다. B : 결론이 도출되면 신속하게 행동으로 옮긴다.	
A : 여러 가지 생각하는 것이 능숙하다. B : 여러 가지 일을 재빨리 능숙하게 처리하는 데 익숙하다.	
A : 여러 가지 측면에서 사물을 검토한다. B : 행동한 후 생각을 한다.	

▶측정결과

㉠ 'A'가 많은 경우 : 행동하기 보다는 생각하는 것을 좋아하고 신중하게 계획을 세워 실행한다.
• 면접관의 심리 : '행동으로 실천하지 못하고, 대응이 늦은 경향이 있지 않을까?'
• 면접대책 : 발로 뛰는 것을 좋아하고, 일을 더디게 한다는 인상을 주지 않도록 한다.

㉡ 'B'가 많은 경우 : 차분하게 생각하는 것보다 우선 행동하는 유형이다.
• 면접관의 심리 : '생각하는 것을 싫어하고 경솔한 행동을 하지 않을까?'
• 면접대책 : 계획을 세우고 행동할 수 있는 것을 보여주고 '사려깊다'라는 인상을 남기도록 한다.

③ 신체활동성 … 몸을 움직이는 것을 좋아하는가를 측정한다.

질문	선택
A : 민첩하게 활동하는 편이다. B : 준비행동이 없는 편이다.	
A : 일을 척척 해치우는 편이다. B : 일을 더디게 처리하는 편이다.	
A : 활발하다는 말을 듣는다. B : 얌전하다는 말을 듣는다.	
A : 몸을 움직이는 것을 좋아한다. B : 가만히 있는 것을 좋아한다.	
A : 스포츠를 하는 것을 즐긴다. B : 스포츠를 보는 것을 좋아한다.	

▶측정결과

㉠ 'A'가 많은 경우 : 활동적이고, 몸을 움직이게 하는 것이 컨디션이 좋다.
• 면접관의 심리 : '활동적으로 활동력이 좋아 보인다.'
• 면접대책 : 활동하고 얻은 성과 등과 주어진 상황의 대응능력을 보여준다.
㉡ 'B'가 많은 경우 : 침착한 인상으로, 차분하게 있는 타입이다.
• 면접관의 심리 : '좀처럼 행동하려 하지 않아 보이고, 일을 빠르게 처리할 수 있을까?'

④ 지속성(노력성) … 무슨 일이든 포기하지 않고 끈기 있게 하려는 정도를 측정한다.

질문	선택
A : 일단 시작한 일은 시간이 걸려도 끝까지 마무리한다. B : 일을 하다 어려움에 부딪히면 단념한다.	
A : 끈질긴 편이다. B : 바로 단념하는 편이다.	
A : 인내가 강하다는 말을 듣는다. B : 금방 싫증을 낸다는 말을 듣는다.	
A : 집념이 깊은 편이다. B : 담백한 편이다.	
A : 한 가지 일에 구애되는 것이 좋다고 생각한다. B : 간단하게 체념하는 것이 좋다고 생각한다.	

▶측정결과

㉠ 'A'가 많은 경우 : 시작한 것은 어려움이 있어도 포기하지 않고 인내심이 높다.
- **면접관의 심리** : '한 가지의 일에 너무 구애되고, 업무의 진행이 원활할까?'
- **면접대책** : 인내력이 있는 것은 플러스 평가를 받을 수 있지만 집착이 강해 보이기도 한다.

㉡ 'B'가 많은 경우 : 뒤끝이 없고 조그만 실패로 일을 포기하기 쉽다.
- **면접관의 심리** : '질리는 경향이 있고, 일을 정확히 끝낼 수 있을까?'
- **면접대책** : 지속적인 노력으로 성공했던 사례를 준비하도록 한다.

⑤ 신중성(주의성) … 자신이 처한 주변상황을 즉시 파악하고 자신의 행동이 어떤 영향을 미치는지를 측정한다.

질문	선택
A : 여러 가지로 생각하면서 완벽하게 준비하는 편이다. B : 행동할 때부터 임기응변적인 대응을 하는 편이다.	
A : 신중해서 타이밍을 놓치는 편이다. B : 준비 부족으로 실패하는 편이다.	
A : 자신은 어떤 일에도 신중히 대응하는 편이다. B : 순간적인 충동으로 활동하는 편이다.	
A : 시험을 볼 때 끝날 때까지 재검토하는 편이다. B : 시험을 볼 때 한 번에 모든 것을 마치는 편이다.	
A : 일에 대해 계획표를 만들어 실행한다. B : 일에 대한 계획표 없이 진행한다.	

▶측정결과

㉠ 'A'가 많은 경우 : 주변 상황에 민감하고, 예측하여 계획 있게 일을 진행한다.
- **면접관의 심리** : '너무 신중해서 적절한 판단을 할 수 있을까?', '앞으로의 상황에 불안을 느끼지 않을까?'
- **면접대책** : 예측을 하고 실행을 하는 것은 플러스 평가가 되지만, 너무 신중하면 일의 진행이 정체될 가능성을 보이므로 추진력이 있다는 강한 의욕을 보여준다.

㉡ 'B'가 많은 경우 : 주변 상황을 살펴보지 않고 착실한 계획 없이 일을 진행시킨다.
- **면접관의 심리** : '사려 깊지 않고, 실패하는 일이 많지 않을까?', '판단이 빠르고 유연한 사고를 할 수 있을까?'
- **면접대책** : 사전준비를 중요하게 생각하고 있다는 것 등을 보여주고, 경솔한 인상을 주지 않도록 한다. 또한 판단력이 빠르거나 유연한 사고 덕분에 일 처리를 잘 할 수 있다는 것을 강조한다.

(3) 의욕적인 측면

의욕적인 측면은 의욕의 정도, 활동력의 유무 등을 측정한다. 여기서의 의욕이란 우리들이 보통 말하고 사용하는 '하려는 의지'와는 조금 뉘앙스가 다르다. '하려는 의지'란 그 때의 환경이나 기분에 따라 변화하는 것이지만, 여기에서는 조금 더 변화하기 어려운 특징, 말하자면 정신적 에너지의 양으로 측정하는 것이다.

의욕적 측면은 행동적 측면과는 다르고, 전반적으로 어느 정도 점수가 높은 쪽을 선호한다. 모의검사의 의욕적 측면의 결과가 낮다면, 평소 일에 몰두할 때 조금 의욕 있는 자세를 가지고 서서히 개선하도록 노력해야 한다.

① 달성의욕 … 목적의식을 가지고 높은 이상을 가지고 있는지를 측정한다.

질문	선택
A : 경쟁심이 강한 편이다. B : 경쟁심이 약한 편이다.	
A : 어떤 한 분야에서 제1인자가 되고 싶다고 생각한다. B : 어느 분야에서든 성실하게 임무를 진행하고 싶다고 생각한다.	
A : 규모가 큰 일을 해보고 싶다. B : 맡은 일에 충실히 임하고 싶다.	
A : 아무리 노력해도 실패한 것은 아무런 도움이 되지 않는다. B : 가령 실패했을 지라도 나름대로의 노력이 있었으므로 괜찮다.	
A : 높은 목표를 설정하여 수행하는 것이 의욕적이다. B : 실현 가능한 정도의 목표를 설정하는 것이 의욕적이다.	

▶측정결과

㉠ 'A'가 많은 경우 : 큰 목표와 높은 이상을 가지고 승부욕이 강한 편이다.
• 면접관의 심리 : '열심히 일을 해줄 것 같은 유형이다.'
• 면접대책 : 달성의욕이 높다는 것은 어떤 직종이라도 플러스 평가가 된다.

㉡ 'B'가 많은 경우 : 현재의 생활을 소중하게 여기고 비약적인 발전을 위하여 기를 쓰지 않는다.
• 면접관의 심리 : '외부의 압력에 약하고, 기획입안 등을 하기 어려울 것이다.'
• 면접대책 : 일을 통하여 하고 싶은 것들을 구체적으로 어필한다.

② 활동의욕 ··· 자신에게 잠재된 에너지의 크기로, 정신적인 측면의 활동력이라 할 수 있다.

질문	선택
A : 하고 싶은 일을 실행으로 옮기는 편이다. B : 하고 싶은 일을 좀처럼 실행할 수 없는 편이다.	
A : 어려운 문제를 해결해 가는 것이 좋다. B : 어려운 문제를 해결하는 것을 잘하지 못한다.	
A : 일반적으로 결단이 빠른 편이다. B : 일반적으로 결단이 느린 편이다.	
A : 곤란한 상황에도 도전하는 편이다. B : 사물의 본질을 깊게 관찰하는 편이다.	
A : 시원시원하다는 말을 잘 듣는다. B : 꼼꼼하다는 말을 잘 듣는다.	

▶측정결과

㉠ 'A'가 많은 경우 : 꾸물거리는 것을 싫어하고 재빠르게 결단해서 행동하는 타입이다.
- 면접관의 심리 : '일을 처리하는 솜씨가 좋고, 일을 척척 진행할 수 있을 것 같다.'
- 면접대책 : 활동의욕이 높은 것은 플러스 평가가 된다. 사교성이나 활동성이 강하다는 인상을 준다.

㉡ 'B'가 많은 경우 : 안전하고 확실한 방법을 모색하고 차분하게 시간을 아껴서 일에 임하는 타입이다.
- 면접관의 심리 : '재빨리 행동을 못하고, 일의 처리속도가 느린 것이 아닐까?'
- 면접대책 : 활동성이 있는 것을 좋아하고 움직임이 더디다는 인상을 주지 않도록 한다.

03 성격의 유형

(1) 인성검사 유형의 4가지 척도

정서적인 측면, 행동적인 측면, 의욕적인 측면의 요소들은 성격 특성이라는 관점에서 제시된 것들로 각 개인의 장·단점을 파악하는 데 유용하다. 그러나 전체적인 개인의 인성을 이해하는 데는 한계가 있다.

성격의 유형은 개인의 '성격적인 특색'을 가리키는 것으로, 사회인으로서 적합한지, 아닌지를 말하는 관점과는 관계가 없다. 따라서 채용의 합격 여부에는 사용되지 않는 경우가 많으며, 입사 후의 적정 부서 배치의 자료가 되는 편이라 생각하면 된다. 그러나 채용과 관계가 없다고 해서 아무런 준비도 필요없는 것은 아니다. 자신을 아는 것은 면접 대책의 밑거름이 되므로 모의검사 결과를 충분히 활용하도록 하여야 한다.

본서에서는 4개의 척도를 사용하여 기본적으로 16개의 패턴으로 성격의 유형을 분류하고 있다. 각 개인의 성격이 어떤 유형인지 재빨리 파악하기 위해 사용되며, '적성'에 맞는지, 맞지 않는지의 관점에 활용된다.

- 흥미·관심의 방향 : 내향형 ←————→ 외향형
- 사물에 대한 견해 : 직관형 ←————→ 감각형
- 판단하는 방법 : 감정형 ←————→ 사고형
- 환경에 대한 접근방법 : 지각형 ←————→ 판단형

(2) 성격유형

① 흥미·관심의 방향(내향⇆외향) … 흥미·관심의 방향이 자신의 내면에 있는지, 주위환경 등 외면에 향하는 지를 가리키는 척도이다.

질문	선택
A : 내성적인 성격인 편이다. B : 개방적인 성격인 편이다.	
A : 항상 신중하게 생각을 하는 편이다. B : 바로 행동에 착수하는 편이다.	
A : 수수하고 조심스러운 편이다. B : 자기 표현력이 강한 편이다.	
A : 다른 사람과 함께 있으면 침착하지 않다. B : 혼자서 있으면 침착하지 않다.	

▶측정결과

㉠ 'A'가 많은 경우(내향) : 관심의 방향이 자기 내면에 있으며, 조용하고 낯을 가리는 유형이다. 행동력은 부족하나 집중력이 뛰어나고 신중하고 꼼꼼하다.

㉡ 'B'가 많은 경우(외향) : 관심의 방향이 외부환경에 있으며, 사교적이고 활동적인 유형이다. 꼼꼼함이 부족하여 대충하는 경향이 있으나 행동력이 있다.

② 일(사물)을 보는 방법(직감 ⇆ 감각) … 일(사물)을 보는 법이 직감적으로 형식에 얽매이는지, 감각적으로 상식적인지를 가리키는 척도이다.

질문	선택
A : 현실주의적인 편이다. B : 상상력이 풍부한 편이다.	
A : 정형적인 방법으로 일을 처리하는 것을 좋아한다. B : 만들어진 방법에 변화가 있는 것을 좋아한다.	
A : 경험에서 가장 적합한 방법으로 선택한다. B : 지금까지 없었던 새로운 방법을 개척하는 것을 좋아한다.	
A : 성실하다는 말을 듣는다. B : 호기심이 강하다는 말을 듣는다.	

▶측정결과
㉠ 'A'가 **많은 경우(감각)** : 현실적이고 경험주의적이며 보수적인 유형이다.
㉡ 'B'가 **많은 경우(직관)** : 새로운 주제를 좋아하며, 독자적인 시각을 가진 유형이다.

③ 판단하는 방법(감정 ⇆ 사고) … 일을 감정적으로 판단하는지, 논리적으로 판단하는지를 가리키는 척도이다.

질문	선택
A : 인간관계를 중시하는 편이다. B : 일의 내용을 중시하는 편이다.	
A : 결론을 자기의 신념과 감정에서 이끌어내는 편이다. B : 결론을 논리적 사고에 의거하여 내리는 편이다.	
A : 다른 사람보다 동정적이고 눈물이 많은 편이다. B : 다른 사람보다 이성적이고 냉정하게 대응하는 편이다.	
A : 남의 이야기를 듣고 감정몰입이 빠른 편이다. B : 고민 상담을 받으면 해결책을 제시해주는 편이다.	

▶측정결과
㉠ 'A'가 **많은 경우(감정)** : 일을 판단할 때 마음 · 감정을 중요하게 여기는 유형이다. 감정이 풍부하고 친절하나 엄격함이 부족하고 우유부단하며, 합리성이 부족하다.
㉡ 'B'가 **많은 경우(사고)** : 일을 판단할 때 논리성을 중요하게 여기는 유형이다. 이성적이고 합리적이나 타인에 대한 배려가 부족하다.

④ 환경에 대한 접근방법 … 주변상황에 어떻게 접근하는지, 그 판단기준을 어디에 두는지를 측정한다.

질문	선택
A : 사전에 계획을 세우지 않고 행동한다. B : 반드시 계획을 세우고 그것에 의거해서 행동한다.	
A : 자유롭게 행동하는 것을 좋아한다. B : 조직적으로 행동하는 것을 좋아한다.	
A : 조직성이나 관습에 속박당하지 않는다. B : 조직성이나 관습을 중요하게 여긴다.	
A : 계획 없이 낭비가 심한 편이다. B : 예산을 세워 물건을 구입하는 편이다.	

▶측정결과

㉠ 'A'가 많은 경우(지각) : 일의 변화에 융통성을 가지고 유연하게 대응하는 유형이다. 낙관적이며 질서보다는 자유를 좋아하나 임기응변식의 대응으로 무계획적인 인상을 줄 수 있다.

㉡ 'B'가 많은 경우(판단) : 일의 진행시 계획을 세워서 실행하는 유형이다. 순차적으로 진행하는 일을 좋아하고 끈기가 있으나 변화에 대해 적절하게 대응하지 못하는 경향이 있다.

04 **인성검사의 대책**

(1) 미리 알아두어야 할 점

① 출제 문항 수 … 인성검사의 출제 문항 수는 특별히 정해진 것이 아니며 각 기업체의 기준에 따라 달라질 수 있다. 보통 100문항 이상에서 500문항까지 출제된다고 예상하면 된다.

② 출제형식

    ㉠ 1Set로 묶인 세 개의 문항 중 자신에게 가장 가까운 것(Most)과 가장 먼 것(Least)을 하나씩 고르는 유형

다음 세 가지 문항 중 자신에게 가장 가까운 것은 Most, 가장 먼 것은 Least에 체크하시오.

질문	Most	Least
① 자신의 생각이나 의견은 좀처럼 변하지 않는다.	✔	
② 구입한 후 끝까지 읽지 않은 책이 많다.		✔
③ 여행가기 전에 계획을 세운다.		

    ㉡ '예' 아니면 '아니오'의 유형

다음 문항을 읽고 자신에게 해당되는지 안 되는지를 판단하여 해당될 경우 '예'를, 해당되지 않을 경우 '아니오'를 고르시오.

질문	예	아니오
① 걱정거리가 있어서 잠을 못 잘 때가 있다.	✔	
② 시간에 쫓기는 것이 싫다.		✔

    ㉢ 그 외의 유형

다음 문항에 대해서 평소에 자신이 생각하고 있는 것이나 행동하고 있는 것에 체크하시오.

질문	전혀 그렇지 않다	그렇지 않다	그렇다	매우 그렇다
① 머리를 쓰는 것보다 땀을 흘리는 일이 좋다.			✔	
② 자신은 사교적이 아니라고 생각한다.	✔			

(2) 임하는 자세

① 솔직하게 있는 그대로 표현한다 … 인성검사는 평범한 일상생활 내용들을 다룬 짧은 문장과 어떤 대상이나 일에 대한 선로를 선택하는 문장으로 구성되었으므로 평소에 자신이 생각한 바를 너무 골똘히 생각하지 말고 문제를 보는 순간 떠오른 것을 표현한다.

② 모든 문제를 신속하게 대답한다 … 인성검사는 시간 제한이 없는 것이 원칙이지만 기업체들은 일정한 시간 제한을 두고 있다. 인성검사는 개인의 성격과 자질을 알아보기 위한 검사이기 때문에 정답이 없다. 다만, 기업체에서 바람직하게 생각하거나 기대되는 결과가 있을 뿐이다. 따라서 시간에 쫓겨서 대충 대답을 하는 것은 바람직하지 못하다.

③ 일관성 있게 대답한다 … 간혹 반복되는 문제들이 출제되기 때문에 일관성 있게 답하지 않으면 감점될 수 있으므로 유의한다. 실제로 공기업 인사부 직원의 인터뷰에 따르면 일관성이 없게 대답한 응시자들이 감점을 받아 탈락했다고 한다. 거짓된 응답을 하다보면 일관성 없는 결과가 나타날 수 있으므로, 위에서 언급한 대로 신속하고 솔직하게 답해 일관성 있는 응답을 하는 것이 중요하다.

④ 마지막까지 집중해서 검사에 임한다 … 장시간 진행되는 검사에 지치지 않고 마지막까지 집중해서 정확히 답할 수 있도록 해야 한다.

인성검사의 유형

CHAPTER 02

경기교통공사의 인성검사는 경력직과 신입직 모두에게 공통적으로 실시된다. 성실성, 사회성, 적극성 등을 측정하며, 30분간 228문항에 응답해야 한다.

01 유형 Ⅰ

▎1~25▎ 다음 질문에 대해서 평소 자신이 생각하고 있는 것이나 행동하고 있는 것에 대해 주어진 응답요령에 따라 박스에 답하시오.

> **응답요령**
>
> • 응답 Ⅰ : 제시된 문항들을 읽은 다음 각각의 문항에 대해 자신이 동의하는 정도를 ①(전혀 그렇지 않다)~⑤(매우 그렇다)로 표시하면 된다.
> • 응답 Ⅱ : 제시된 문항들을 비교하여 상대적으로 자신의 성격과 가장 가까운 문항 하나와 가장 거리가 먼 문항 하나를 선택하여야 한다(응답 Ⅱ의 응답은 가깝다 1개, 멀다 1개, 무응답 2개이어야 한다).

1

문항	응답 Ⅰ					응답 Ⅱ	
	①	②	③	④	⑤	멀다	가깝다
A. 몸을 움직이는 것을 좋아하지 않는다.							
B. 쉽게 질리는 편이다.							
C. 경솔한 편이라고 생각한다.							
D. 인생의 목표는 손이 닿을 정도면 된다.							

2

문항	응답 I					응답 II	
	①	②	③	④	⑤	멀다	가깝다
A. 무슨 일도 좀처럼 시작하지 못한다.							
B. 초면인 사람과도 바로 친해질 수 있다.							
C. 행동하고 나서 생각하는 편이다.							
D. 쉬는 날은 집에 있는 경우가 많다.							

3

문항	응답 I					응답 II	
	①	②	③	④	⑤	멀다	가깝다
A. 조금이라도 나쁜 소식은 절망의 시작이라고 생각해 버린다.							
B. 언제나 실패가 걱정이 되어 어쩔 줄 모른다.							
C. 다수결의 의견에 따르는 편이다.							
D. 혼자서 술집에 들어가는 것은 전혀 두려운 일이 아니다.							

4

문항	응답 I					응답 II	
	①	②	③	④	⑤	멀다	가깝다
A. 승부근성이 강하다.							
B. 자주 흥분해서 침착하지 못하다.							
C. 지금까지 살면서 타인에게 폐를 끼친 적이 없다.							
D. 소곤소곤 이야기하는 것을 보면 자기에 대해 험담하고 있는 것으로 생각된다.							

5

문항	응답 I					응답 II	
	①	②	③	④	⑤	멀다	가깝다
A. 무엇이든지 자기가 나쁘다고 생각하는 편이다.							
B. 자신을 변덕스러운 사람이라고 생각한다.							
C. 고독을 즐기는 편이다.							
D. 자존심이 강하다고 생각한다.							

6

문항	응답 Ⅰ					응답 Ⅱ	
	①	②	③	④	⑤	멀다	가깝다
A. 금방 흥분하는 성격이다.							
B. 거짓말을 한 적이 없다.							
C. 신경질적인 편이다.							
D. 끙끙대며 고민하는 타입이다.							

7

문항	응답 Ⅰ					응답 Ⅱ	
	①	②	③	④	⑤	멀다	가깝다
A. 감정적인 사람이라고 생각한다.							
B. 자신만의 신념을 가지고 있다.							
C. 다른 사람을 바보 같다고 생각한 적이 있다.							
D. 금방 말해버리는 편이다.							

8

문항	응답 Ⅰ					응답 Ⅱ	
	①	②	③	④	⑤	멀다	가깝다
A. 싫어하는 사람이 없다.							
B. 대재앙이 오지 않을까 항상 걱정을 한다.							
C. 쓸데없는 고생을 하는 일이 많다.							
D. 자주 생각이 바뀌는 편이다.							

9

문항	응답 Ⅰ					응답 Ⅱ	
	①	②	③	④	⑤	멀다	가깝다
A. 문제점을 해결하기 위해 여러 사람과 상의한다.							
B. 내 방식대로 일을 한다.							
C. 영화를 보고 운 적이 많다.							
D. 어떤 것에 대해서도 화낸 적이 없다.							

10

문항	응답 I					응답 II	
	①	②	③	④	⑤	멀다	가깝다
A. 사소한 충고에도 걱정을 한다.							
B. 자신은 도움이 안 되는 사람이라고 생각한다.							
C. 금방 싫증을 내는 편이다.							
D. 개성적인 사람이라고 생각한다.							

11

문항	응답 I					응답 II	
	①	②	③	④	⑤	멀다	가깝다
A. 자기주장이 강한 편이다.							
B. 뒤숭숭하다는 말을 들은 적이 있다.							
C. 학교를 쉬고 싶다고 생각한 적이 한 번도 없다.							
D. 사람들과 관계 맺는 것을 보면 잘하지 못한다.							

12

문항	응답 I					응답 II	
	①	②	③	④	⑤	멀다	가깝다
A. 사려 깊은 편이다.							
B. 몸을 움직이는 것을 좋아한다.							
C. 끈기가 있는 편이다.							
D. 신중한 편이라고 생각한다.							

13

문항	응답 I					응답 II	
	①	②	③	④	⑤	멀다	가깝다
A. 인생의 목표는 큰 것이 좋다.							
B. 어떤 일이라도 바로 시작하는 타입이다.							
C. 낯가림을 하는 편이다.							
D. 생각하고 나서 행동하는 편이다.							

14

문항	응답 I					응답 II	
	①	②	③	④	⑤	멀다	가깝다
A. 쉬는 날은 밖으로 나가는 경우가 많다.							
B. 시작한 일은 반드시 완성시킨다.							
C. 면밀한 계획을 세운 여행을 좋아한다.							
D. 야망이 있는 편이라고 생각한다.							

15

문항	응답 I					응답 II	
	①	②	③	④	⑤	멀다	가깝다
A. 활동력이 있는 편이다.							
B. 많은 사람들과 왁자지껄하게 식사하는 것을 좋아하지 않는다.							
C. 돈을 허비한 적이 없다.							
D. 운동회를 아주 좋아하고 기대했다.							

16

문항	응답 I					응답 II	
	①	②	③	④	⑤	멀다	가깝다
A. 하나의 취미에 열중하는 타입이다.							
B. 모임에서 회장에 어울린다고 생각한다.							
C. 입신출세의 성공이야기를 좋아한다.							
D. 어떠한 일도 의욕을 가지고 임하는 편이다.							

17

문항	응답 I					응답 II	
	①	②	③	④	⑤	멀다	가깝다
A. 학급에서는 존재가 희미했다.							
B. 항상 무언가를 생각하고 있다.							
C. 스포츠는 보는 것보다 하는 게 좋다.							
D. 잘한다라는 말을 자주 듣는다.							

18

문항	응답 I					응답 II	
	①	②	③	④	⑤	멀다	가깝다
A. 흐린 날은 반드시 우산을 가지고 간다.							
B. 주연상을 받을 수 있는 배우를 좋아한다.							
C. 공격하는 타입이라고 생각한다.							
D. 리드를 받는 편이다.							

19

문항	응답 I					응답 II	
	①	②	③	④	⑤	멀다	가깝다
A. 너무 신중해서 기회를 놓친 적이 있다.							
B. 시원시원하게 움직이는 타입이다.							
C. 야근을 해서라도 업무를 끝낸다.							
D. 누군가를 방문할 때는 반드시 사전에 확인한다.							

20

문항	응답 I					응답 II	
	①	②	③	④	⑤	멀다	가깝다
A. 노력해도 결과가 따르지 않으면 의미가 없다.							
B. 무조건 행동해야 한다.							
C. 유행에 둔감하다고 생각한다.							
D. 정해진 대로 움직이는 것은 시시하다.							

21

문항	응답 I					응답 II	
	①	②	③	④	⑤	멀다	가깝다
A. 꿈을 계속 가지고 있고 싶다.							
B. 질서보다 자유를 중요시하는 편이다.							
C. 혼자서 취미에 몰두하는 것을 좋아한다.							
D. 직관적으로 판단하는 편이다.							

22

문항	응답 Ⅰ					응답 Ⅱ	
	①	②	③	④	⑤	멀다	가깝다
A. 영화나 드라마를 보면 등장인물의 감정에 이입된다.							
B. 시대의 흐름에 역행해서라도 자신을 관철하고 싶다.							
C. 다른 사람의 소문에 관심이 없다.							
D. 창조적인 편이다.							

23

문항	응답 Ⅰ					응답 Ⅱ	
	①	②	③	④	⑤	멀다	가깝다
A. 비교적 눈물이 많은 편이다.							
B. 융통성이 있다고 생각한다.							
C. 친구의 휴대전화 번호를 잘 모른다.							
D. 스스로 고안하는 것을 좋아한다.							

24

문항	응답 Ⅰ					응답 Ⅱ	
	①	②	③	④	⑤	멀다	가깝다
A. 정이 두터운 사람으로 남고 싶다.							
B. 조직의 일원으로 별로 안 어울린다.							
C. 세상의 일에 별로 관심이 없다.							
D. 변화를 추구하는 편이다.							

25

문항	응답 Ⅰ					응답 Ⅱ	
	①	②	③	④	⑤	멀다	가깝다
A. 업무는 인간관계로 선택한다.							
B. 환경이 변하는 것에 구애되지 않는다.							
C. 불안감이 강한 편이다.							
D. 인생은 살 가치가 없다고 생각한다.							

▌1~30▌ 다음 각 문제에서 제시된 4개의 질문 중 자신의 생각과 일치하거나 자신을 가장 잘 나타내는 질문과 가장 거리가 먼 질문을 각각 하나씩 고르시오.

	질문	가깝다	멀다
1	나는 계획적으로 일을 하는 것을 좋아한다.		
	나는 꼼꼼하게 일을 마무리 하는 편이다.		
	나는 새로운 방법으로 문제를 해결하는 것을 좋아한다.		
	나는 빠르고 신속하게 일을 처리해야 마음이 편하다.		
2	나는 문제를 해결하기 위해 여러 사람과 상의한다.		
	나는 어떠한 결정을 내릴 때 신중한 편이다.		
	나는 시작한 일은 반드시 완성시킨다.		
	나는 문제를 현실적이고 객관적으로 해결한다.		
3	나는 글보다 말로 표현하는 것이 편하다.		
	나는 논리적인 원칙에 따라 행동하는 것이 좋다.		
	나는 집중력이 강하고 매사에 철저하다.		
	나는 자기능력을 뽐내지 않고 겸손하다.		
4	나는 융통성 있게 업무를 처리한다.		
	나는 질문을 받으면 충분히 생각하고 나서 대답한다.		
	나는 긍정적이고 낙천적인 사고방식을 갖고 있다.		
	나는 매사에 적극적인 편이다.		
5	나는 기발한 아이디어를 많이 낸다.		
	나는 새로운 일을 하는 것이 좋다.		
	나는 타인의 견해를 잘 고려한다.		
	나는 사람들을 잘 설득시킨다.		
6	나는 종종 화가 날 때가 있다.		
	나는 화를 잘 참지 못한다.		
	나는 단호하고 통솔력이 있다.		
	나는 집단을 이끌어가는 능력이 있다.		
7	나는 조용하고 성실하다.		
	나는 책임감이 강하다.		
	나는 독창적이며 창의적이다.		
	나는 복잡한 문제도 간단하게 해결한다.		

	질문	가깝다	멀다
8	나는 관심 있는 분야에 몰두하는 것이 즐겁다.		
	나는 목표를 달성하는 것을 중요하게 생각한다.		
	나는 상황에 따라 일정을 조율하는 융통성이 있다.		
	나는 의사결정에 신속함이 있다.		
9	나는 정리 정돈과 계획에 능하다.		
	나는 사람들의 관심을 받는 것이 기분 좋다.		
	나는 때로는 고집스러울 때도 있다.		
	나는 원리원칙을 중시하는 편이다.		
10	나는 맡은 일에 헌신적이다.		
	나는 타인의 감정에 민감하다.		
	나는 목적과 방향은 변화할 수 있다고 생각한다.		
	나는 다른 사람과 의견의 충돌은 피하고 싶다.		
11	나는 구체적인 사실을 잘 기억하는 편이다.		
	나는 새로운 일을 시도하는 것이 즐겁다.		
	나는 겸손하다.		
	나는 다른 사람과 별다른 마찰이 없다.		
12	나는 나이에 비해 성숙한 편이다.		
	나는 유머감각이 있다.		
	나는 다른 사람의 생각이나 의견을 중요시 생각한다.		
	나는 솔직하고 단호한 편이다.		
13	나는 낙천적이고 긍정적이다.		
	나는 집단을 이끌어가는 능력이 있다.		
	나는 사람들에게 인기가 많다.		
	나는 활동을 조직하고 주도해나가는데 능하다.		
14	나는 사람들에게 칭찬을 잘 한다.		
	나는 사교성이 풍부한 편이다.		
	나는 동정심이 많다.		
	나는 정보에 밝고 지식에 대한 욕구가 높다.		
15	나는 호기심이 많다.		
	나는 다수결의 의견에 쉽게 따른다.		
	나는 승부근성이 강하다.		
	나는 자존심이 강한 편이다.		
16	나는 한번 생각한 것은 자주 바꾸지 않는다.		
	나는 개성 있다는 말을 자주 듣는다.		
	나는 나만의 방식으로 업무를 풀어나가는데 능하다.		
	나는 신중한 편이라고 생각한다.		

	질문	가깝다	멀다
17	나는 문제를 해결하기 위해 많은 사람의 의견을 참고한다.		
	나는 몸을 움직이는 것을 좋아한다.		
	나는 시작한 일은 반드시 완성시킨다.		
	나는 문제 상황을 객관적으로 대처하는데 자신이 있다.		
18	나는 목표를 향해 계속 도전하는 편이다.		
	나는 실패하는 것이 두렵지 않다.		
	나는 친구들이 많은 편이다.		
	나는 다른 사람의 시선을 고려하여 행동한다.		
19	나는 추상적인 이론을 잘 기억하는 편이다.		
	나는 적극적으로 행동하는 편이다.		
	나는 말하는 것을 좋아한다.		
	나는 꾸준히 노력하는 타입이다.		
20	나는 실행력이 있는 편이다.		
	나는 조직 내 분위기 메이커이다.		
	나는 세심하지 못한 편이다.		
	나는 모임에서 지원자 역할을 맡는 것이 좋다.		
21	나는 현실적이고 실용적인 것을 추구한다.		
	나는 계획을 세우고 실행하는 것이 재미있다.		
	나는 꾸준한 취미를 갖고 있다.		
	나는 성급하게 결정하지 않는다.		
22	나는 싫어하는 사람과도 아무렇지 않게 이야기 할 수 있다.		
	내 책상은 항상 깔끔히 정돈되어 있다.		
	나는 실패보다 성공을 먼저 생각한다.		
	나는 동료와의 경쟁도 즐긴다.		
23	나는 능력을 칭찬받는 경우가 많다.		
	나는 논리정연하게 말을 하는 편이다.		
	나는 사물의 근원과 배경에 대해 관심이 많다.		
	나는 문제에 부딪히면 스스로 해결하는 편이다.		
24	나는 부지런한 편이다.		
	나는 일을 하는 속도가 빠르다.		
	나는 독특하고 창의적인 생각을 잘한다.		
	나는 약속한 일은 어기지 않는다.		
25	나는 환경의 변화에도 쉽게 적응할 수 있다.		
	나는 망설이는 것보다 도전하는 편이다.		
	나는 완벽주의자이다.		
	나는 팀을 짜서 일을 하는 것이 재미있다.		

	질문	가깝다	멀다
26	나는 조직을 위해서 내 이익을 포기할 수 있다.		
	나는 상상력이 풍부하다.		
	나는 여러 가지 각도로 사물을 분석하는 것이 좋다.		
	나는 인간관계를 중시하는 편이다.		
27	나는 경험한 방법 중 가장 적합한 방법으로 일을 해결한다.		
	나는 독자적인 시각을 갖고 있다.		
	나는 시간이 걸려도 침착하게 생각하는 경우가 많다.		
	나는 높은 목표를 설정하고 이루기 위해 노력하는 편이다.		
28	나는 성격이 시원시원하다는 말을 자주 듣는다.		
	나는 자기 표현력이 강한 편이다.		
	나는 일의 내용을 중요시 여긴다.		
	나는 다른 사람보다 동정심이 많은 편이다.		
29	나는 하기 싫은 일을 맡아도 표시내지 않고 마무리 한다.		
	나는 누가 시키지 않아도 일을 계획적으로 진행한다.		
	나는 한 가지 일에 집중을 잘 하는 편이다.		
	나는 남을 설득하고 이해시키는데 자신이 있다.		
30	나는 비합리적이거나 불의를 보면 쉽게 지나치지 못한다.		
	나는 무엇이던 시작하면 이루어야 직성이 풀린다.		
	나는 사람을 가리지 않고 쉽게 사귄다.		
	나는 어렵고 힘든 일에 도전하는 것에 쾌감을 느낀다.		

유형 Ⅲ

▮1~200▮ 다음 (   ) 안에 당신에게 해당사항이 있으면 'YES', 그렇지 않다면 'NO'를 선택하시오.

                                    YES NO

1. 사람들이 붐비는 도시보다 한적한 시골이 좋다. ···(   )(   )

2. 전자기기를 잘 다루지 못하는 편이다. ···(   )(   )

3. 인생에 대해 깊이 생각해 본 적이 없다. ···(   )(   )

4. 혼자서 식당에 들어가는 것은 전혀 두려운 일이 아니다. ······································(   )(   )

5. 남녀 사이의 연애에서 중요한 것은 돈이다. ···(   )(   )

6. 걸음걸이가 빠른 편이다. ···(   )(   )

7. 육류보다 채소류를 더 좋아한다. ··(   )(   )

8. 소곤소곤 이야기하는 것을 보면 자기에 대해 험담하고 있는 것으로 생각된다. ········(   )(   )

9. 여럿이 어울리는 자리에서 이야기를 주도하는 편이다. ···(   )(   )

10. 집에 머무는 시간보다 밖에서 활동하는 시간이 더 많은 편이다. ··························(   )(   )

11. 무엇인가 창조해내는 작업을 좋아한다. ··(   )(   )

12. 자존심이 강하다고 생각한다. ··(   )(   )

13. 금방 흥분하는 성격이다. ··(   )(   )

14. 거짓말을 한 적이 많다. ···(   )(   )

15. 신경질적인 편이다. ···(   )(   )

16. 끙끙대며 고민하는 타입이다. ··(   )(   )

17. 자신이 맡은 일에 반드시 책임을 지는 편이다. ··(   )(   )

18. 누군가와 마주하는 것보다 통화로 이야기하는 것이 더 편하다. ···························(   )(   )

19. 운동신경이 뛰어난 편이다. ···(   )(   )

20. 생각나는 대로 말해버리는 편이다. ···(   )(   )

21. 싫어하는 사람이 없다. ···(   )(   )

22. 학창시절 국·영·수보다는 예체능 과목을 더 좋아했다. ··(   )(   )

23. 쓸데없는 고생을 하는 일이 많다. ··(   )(   )

24. 자주 생각이 바뀌는 편이다. ···(   )(   )

25. 갈등은 대화로 해결한다. ···(   )(   )

26. 내 방식대로 일을 한다. ···(   )(   )

27. 영화를 보고 운 적이 많다. ···(   )(   )

28. 어떤 것에 대해서도 화낸 적이 없다. ···(   )(   )

29. 좀처럼 아픈 적이 없다. ···(   )(   )

30. 자신은 도움이 안 되는 사람이라고 생각한다. ·····························(   )(   )

31. 어떤 일이든 쉽게 싫증을 내는 편이다. ······································(   )(   )

32. 개성적인 사람이라고 생각한다. ···(   )(   )

33. 자기주장이 강한 편이다. ···(   )(   )

34. 뒤숭숭하다는 말을 들은 적이 있다. ···(   )(   )

35. 인터넷 사용이 아주 능숙하다. ··(   )(   )

36. 사람들과 관계 맺는 것을 보면 잘하지 못한다. ···························(   )(   )

37. 사고방식이 독특하다. ···(   )(   )

38. 대중교통보다는 걷는 것을 더 선호한다. ······································(   )(   )

39. 끈기가 있는 편이다. ···(   )(   )

40. 신중한 편이라고 생각한다. ···(   )(   )

41. 인생의 목표는 큰 것이 좋다. ···(   )(   )

42. 어떤 일이라도 바로 시작하는 타입이다. ······································(   )(   )

43. 낯가림을 하는 편이다. ··(   )(   )

44. 생각하고 나서 행동하는 편이다. ···(   )(   )

45. 쉬는 날은 밖으로 나가는 경우가 많다. ······································(   )(   )

46. 시작한 일은 반드시 완성시킨다. ···(   )(   )

47. 면밀한 계획을 세운 여행을 좋아한다. ··(   )(   )

48. 야망이 있는 편이라고 생각한다. ···(   )(   )

49. 활동력이 있는 편이다. ··(   )(   )

50. 많은 사람들과 왁자지껄하게 식사하는 것을 좋아하지 않는다. ·········(   )(   )

51. 장기적인 계획을 세우는 것을 꺼려한다. ···( )( )

52. 자기 일이 아닌 이상 무심한 편이다. ···( )( )

53. 하나의 취미에 열중하는 타입이다. ···( )( )

54. 스스로 모임에서 회장에 어울린다고 생각한다. ···( )( )

55. 입신출세의 성공이야기를 좋아한다. ···( )( )

56. 어떠한 일도 의욕을 가지고 임하는 편이다. ···( )( )

57. 학급에서는 존재가 희미했다. ···( )( )

58. 항상 무언가를 생각하고 있다. ···( )( )

59. 스포츠는 보는 것보다 하는 게 좋다. ···( )( )

60. 문제 상황을 바르게 인식하고 현실적이고 객관적으로 대처한다. ·······················( )( )

61. 흐린 날은 반드시 우산을 가지고 간다. ···( )( )

62. 여러 명보다 1 : 1로 대화하는 것을 선호한다. ···( )( )

63. 공격하는 타입이라고 생각한다. ···( )( )

64. 리드를 받는 편이다. ···( )( )

65. 너무 신중해서 기회를 놓친 적이 있다. ···( )( )

66. 시원시원하게 움직이는 타입이다. ···( )( )

67. 야근을 해서라도 업무를 끝낸다. ···( )( )

68. 누군가를 방문할 때는 반드시 사전에 확인한다. ···( )( )

69. 아무리 노력해도 결과가 따르지 않는다면 의미가 없다. ·······································( )( )

70. 솔직하고 타인에 대해 개방적이다. ···( )( )

71. 유행에 둔감하다고 생각한다. ···( )( )

72. 정해진 대로 움직이는 것은 시시하다. ···( )( )

73. 꿈을 계속 가지고 있고 싶다. ···( )( )

74. 질서보다 자유를 중요시하는 편이다. ···( )( )

75. 혼자서 취미에 몰두하는 것을 좋아한다. ···( )( )

76. 직관적으로 판단하는 편이다. ···( )( )

77. 영화나 드라마를 보며 등장인물의 감정에 이입된다. ·····················(　)(　)

78. 시대의 흐름에 역행해서라도 자신을 관철하고 싶다. ·················(　)(　)

79. 다른 사람의 소문에 관심이 없다. ···································(　)(　)

80. 창조적인 편이다. ···································(　)(　)

81. 비교적 눈물이 많은 편이다. ···································(　)(　)

82. 융통성이 있다고 생각한다. ···································(　)(　)

83. 친구의 휴대전화 번호를 잘 모른다. ·································(　)(　)

84. 스스로 고안하는 것을 좋아한다. ···································(　)(　)

85. 정이 두터운 사람으로 남고 싶다. ···································(　)(　)

86. 새로 나온 전자제품의 사용방법을 익히는 데 오래 걸린다. ···········(　)(　)

87. 세상의 일에 별로 관심이 없다. ···································(　)(　)

88. 변화를 추구하는 편이다. ···································(　)(　)

89. 업무는 인간관계로 선택한다. ···································(　)(　)

90. 환경이 변하는 것에 구애되지 않는다. ·······························(　)(　)

91. 다른 사람들에게 첫인상이 좋다는 이야기를 자주 듣는다. ·············(　)(　)

92. 인생은 살 가치가 없다고 생각한다. ·································(　)(　)

93. 의지가 약한 편이다. ···································(　)(　)

94. 다른 사람이 하는 일에 별로 관심이 없다. ···························(　)(　)

95. 자주 넘어지거나 다치는 편이다. ···································(　)(　)

96. 심심한 것을 못 참는다. ···································(　)(　)

97. 다른 사람을 욕한 적이 한 번도 없다. ·······························(　)(　)

98. 몸이 아프더라도 병원에 잘 가지 않는 편이다. ·······················(　)(　)

99. 금방 낙심하는 편이다. ···································(　)(　)

100. 평소 말이 빠른 편이다. ···································(　)(　)

101. 어려운 일은 되도록 피하는 게 좋다. ·······························(　)(　)

102. 다른 사람이 내 의견에 간섭하는 것이 싫다. ·························(　)(　)

103. 낙천적인 편이다. ···( )( )

104. 남을 돕다가 오해를 산 적이 있다. ································( )( )

105. 모든 일에 준비성이 철저한 편이다. ·····························( )( )

106. 상냥하다는 말을 들은 적이 있다. ·······························( )( )

107. 맑은 날보다 흐린 날을 더 좋아한다. ····························( )( )

108. 많은 친구들을 만나는 것보다 단 둘이 만나는 것이 더 좋다. ·····( )( )

109. 평소에 불평불만이 많은 편이다. ·································( )( )

110. 가끔 나도 모르게 엉뚱한 행동을 하는 때가 있다. ···············( )( )

111. 생리현상을 잘 참지 못하는 편이다. ·····························( )( )

112. 다른 사람을 기다리는 경우가 많다. ·····························( )( )

113. 술자리나 모임에 억지로 참여하는 경우가 많다. ·················( )( )

114. 결혼과 연애는 별개라고 생각한다. ·····························( )( )

115. 노후에 대해 걱정이 될 때가 많다. ······························( )( )

116. 잃어버린 물건은 쉽게 찾는 편이다. ·····························( )( )

117. 비교적 쉽게 감격하는 편이다. ··································( )( )

118. 어떤 것에 대해서는 불만을 가진 적이 없다. ····················( )( )

119. 걱정으로 밤에 못 잘 때가 많다. ································( )( )

120. 자주 후회하는 편이다. ···( )( )

121. 쉽게 학습하지만 쉽게 잊어버린다. ·····························( )( )

122. 낮보다 밤에 일하는 것이 좋다. ·································( )( )

123. 많은 사람 앞에서도 긴장하지 않는다. ···························( )( )

124. 상대방에게 감정 표현을 하기가 어렵게 느껴진다. ···············( )( )

125. 인생을 포기하는 마음을 가진 적이 한 번도 없다. ···············( )( )

126. 규칙에 대해 드러나게 반발하기보다 속으로 반발한다. ···········( )( )

127. 자신의 언행에 대해 자주 반성한다. ·····························( )( )

128. 활동범위가 좁아 늘 가던 곳만 고집한다. ·······················( )( )

129. 나는 끈기가 다소 부족하다. ··( ) ( )

130. 좋다고 생각하더라도 좀 더 검토하고 나서 실행한다. ··················( ) ( )

131. 위대한 인물이 되고 싶다. ···( ) ( )

132. 한 번에 많은 일을 떠맡아도 힘들지 않다. ·································( ) ( )

133. 사람과 약속은 부담스럽다. ···( ) ( )

134. 질문을 받으면 충분히 생각하고 나서 대답하는 편이다. ··········( ) ( )

135. 머리를 쓰는 것보다 땀을 흘리는 일이 좋다. ·····················( ) ( )

136. 결정한 것에는 철저히 구속받는다. ·····················( ) ( )

137. 아무리 바쁘더라도 자기관리를 위한 운동을 꼭 한다. ··········( ) ( )

138. 이왕 할 거라면 일등이 되고 싶다. ·····················( ) ( )

139. 과감하게 도전하는 타입이다. ·····················( ) ( )

140. 자신은 사교적이 아니라고 생각한다. ·····················( ) ( )

141. 무심코 도리에 대해서 말하고 싶어진다. ·····················( ) ( )

142. 목소리가 큰 편이다. ·····················( ) ( )

143. 단념하기보다 실패하는 것이 낫다고 생각한다. ·····················( ) ( )

144. 예상하지 못한 일은 하고 싶지 않다. ·····················( ) ( )

145. 파란만장하더라도 성공하는 인생을 살고 싶다. ·····················( ) ( )

146. 활기찬 편이라고 생각한다. ·····················( ) ( )

147. 자신의 성격으로 고민한 적이 있다. ·····················( ) ( )

148. 무심코 사람들을 평가 한다. ·····················( ) ( )

149. 때때로 성급하다고 생각한다. ·····················( ) ( )

150. 자신은 꾸준히 노력하는 타입이라고 생각한다. ·····················( ) ( )

151. 터무니없는 생각이라도 메모한다. ·····················( ) ( )

152. 리더십이 있는 사람이 되고 싶다. ·····················( ) ( )

153. 열정적인 사람이라고 생각한다. ·····················( ) ( )

154. 다른 사람 앞에서 이야기를 하는 것이 조심스럽다. ·····················( ) ( )

155. 세심하기보다 통찰력이 있는 편이다. ···( )( )

156. 엉덩이가 가벼운 편이다. ···( )( )

157. 여러 가지로 구애받는 것을 견디지 못한다. ·······································( )( )

158. 돌다리도 두들겨 보고 건너는 쪽이 좋다. ··( )( )

159. 자신에게는 권력욕이 있다. ···( )( )

160. 자신의 능력보다 과중한 업무를 할당받으면 기쁘다. ························( )( )

161. 사색적인 사람이라고 생각한다. ···( )( )

162. 비교적 개혁적이다. ···( )( )

163. 좋고 싫음으로 정할 때가 많다. ···( )( )

164. 전통에 얽매인 습관은 버리는 것이 적절하다. ···································( )( )

165. 교제 범위가 좁은 편이다. ···( )( )

166. 발상의 전환을 할 수 있는 타입이라고 생각한다. ·····························( )( )

167. 주관적인 판단으로 실수한 적이 있다. ··( )( )

168. 현실적이고 실용적인 면을 추구한다. ··( )( )

169. 타고난 능력에 의존하는 편이다. ···( )( )

170. 다른 사람을 의식하여 외모에 신경을 쓴다. ······································( )( )

171. 마음이 담겨 있으면 선물은 아무 것이나 좋다. ·································( )( )

172. 여행은 내 마음대로 하는 것이 좋다. ···( )( )

173. 추상적인 일에 관심이 있는 편이다. ···( )( )

174. 큰일을 먼저 결정하고 세세한 일을 나중에 결정하는 편이다. ············( )( )

175. 괴로워하는 사람을 보면 답답하다. ···( )( )

176. 자신의 가치기준을 알아주는 사람은 아무도 없다. ····························( )( )

177. 인간성이 없는 사람과는 함께 일할 수 없다. ····································( )( )

178. 상상력이 풍부한 편이라고 생각한다. ··( )( )

179. 의리, 인정이 두터운 상사를 만나고 싶다. ··( )( )

180. 인생은 앞날을 알 수 없어 재미있다. ···( )( )

181. 조직에서 분위기 메이커다. ·······························( )( )

182. 반성하는 시간에 차라리 실수를 만회할 방법을 구상한다. ·······( )( )

183. 늘 하던 방식대로 일을 처리해야 마음이 편하다. ················( )( )

184. 쉽게 이룰 수 있는 일에는 흥미를 느끼지 못한다. ·············( )( )

185. 좋다고 생각하면 바로 행동한다. ·····························( )( )

186. 후배들은 무섭게 가르쳐야 따라온다. ·························( )( )

187. 한 번에 많은 일을 떠맡는 것이 부담스럽다. ··················( )( )

188. 능력 없는 상사라도 진급을 위해 아부할 수 있다. ·············( )( )

189. 질문을 받으면 그때의 느낌으로 대답하는 편이다. ·············( )( )

190. 땀을 흘리는 것보다 머리를 쓰는 일이 좋다. ·················( )( )

191. 단체 규칙에 그다지 구속받지 않는다. ·······················( )( )

192. 물건을 자주 잃어버리는 편이다. ····························( )( )

193. 불만이 생기면 즉시 말해야 한다. ···························( )( )

194. 안전한 방법을 고르는 타입이다. ····························( )( )

195. 사교성이 많은 사람을 보면 부럽다. ·························( )( )

196. 성격이 급한 편이다. ······································( )( )

197. 갑자기 중요한 프로젝트가 생기면 혼자서라도 야근할 수 있다. ···( )( )

198. 내 인생에 절대로 포기하는 경우는 없다. ····················( )( )

199. 예상하지 못한 일도 해보고 싶다. ···························( )( )

200. 평범하고 평온하게 행복한 인생을 살고 싶다. ················( )( )

PART

III

적성검사(경력직)

CHAPTER 01

지각력

정답 및 해설 **p.198**

▮1~10▮ 다음 보기 중 제시된 입체도형과 일치하는 것을 고르시오.

※ 1~10번까지는 해설이 없습니다.

1

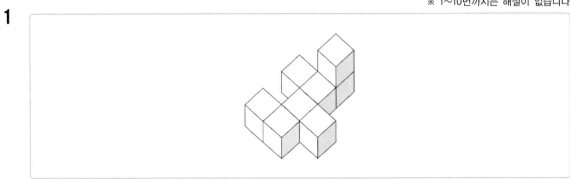

①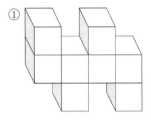

②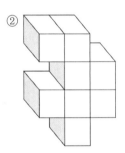

③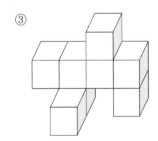

④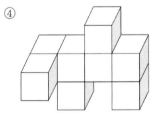

2

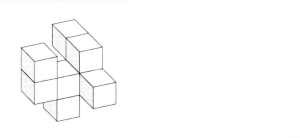

①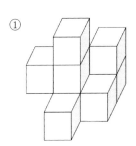

②

③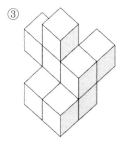

④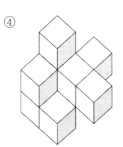

3

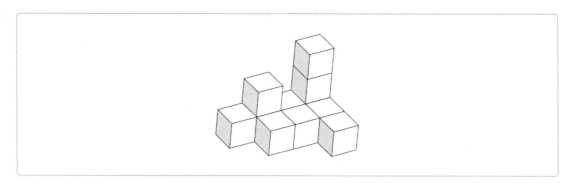

①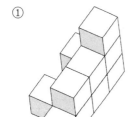

②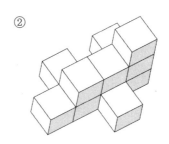

③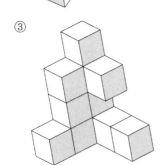

④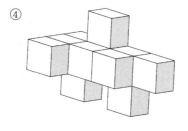

4

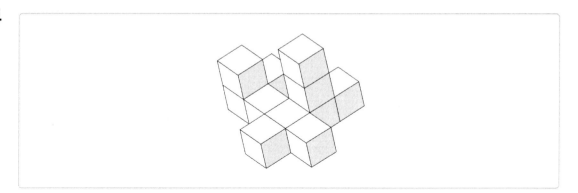

①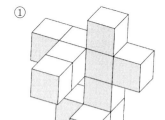

②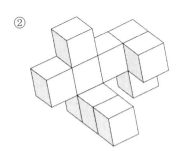

③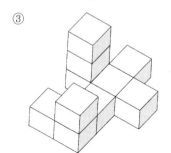

④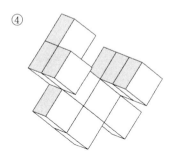

5

①

②

③

④

6

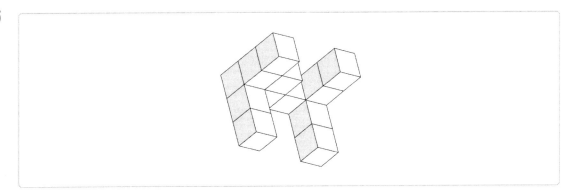

①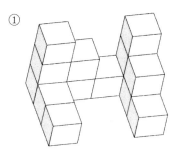

②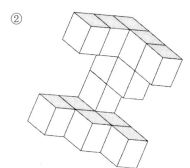

③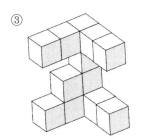

④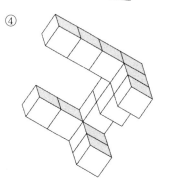

7

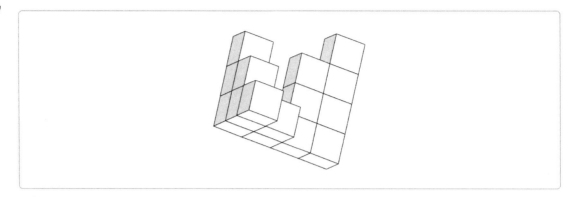

①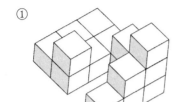

②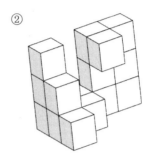

③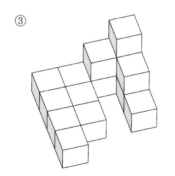

④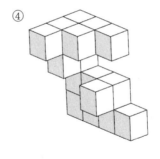

8

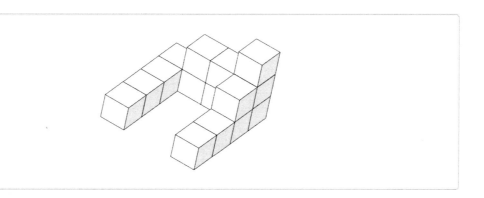

①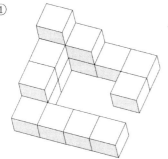

②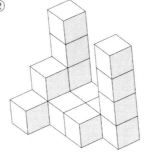

③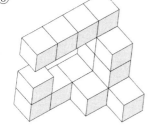

④

9

①

②

③

④

10

①

②

③

④

| 11~20 | 다음 보기 중 제시된 입체도형과 일치하지 않는 것을 고르시오.

※ 11~20번까지는 해설이 없습니다.

11

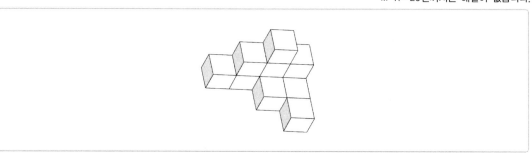

①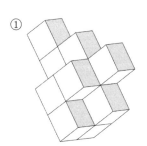

②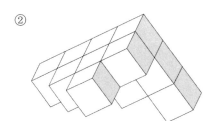

③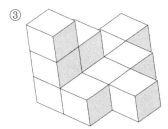

④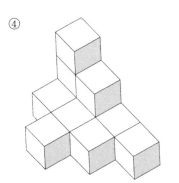

12

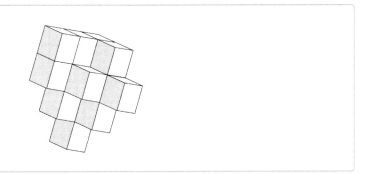

①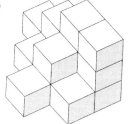

②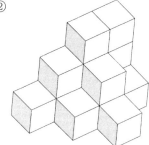

③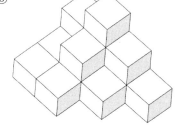

④

13

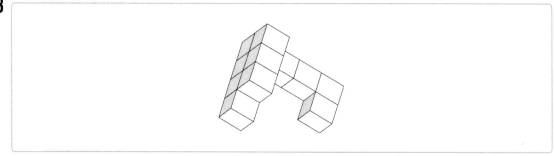

①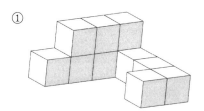

②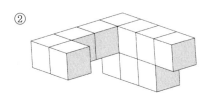

③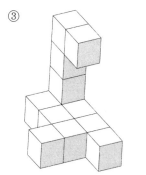

④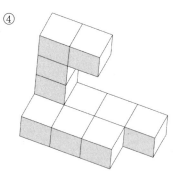

14

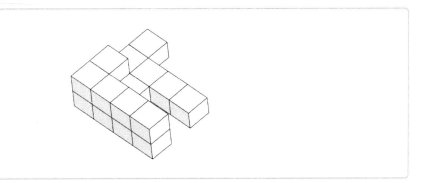

①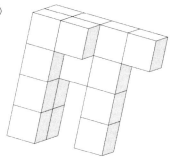

②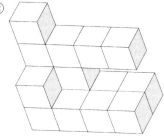

③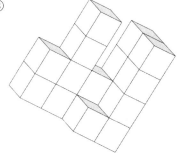

④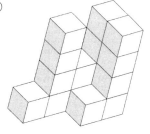

15

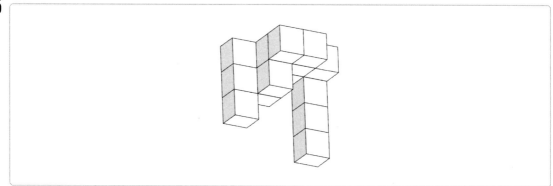

①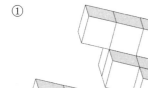

②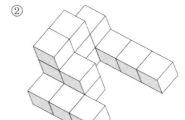

③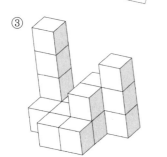

④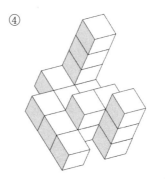

16

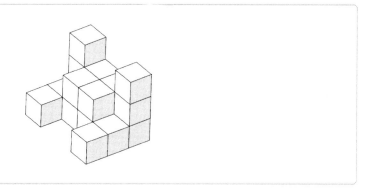

①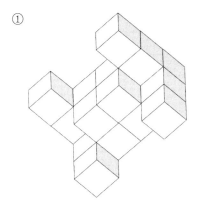

②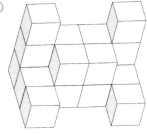

③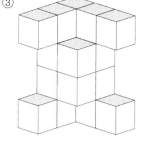

④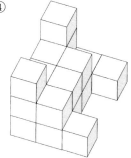

17

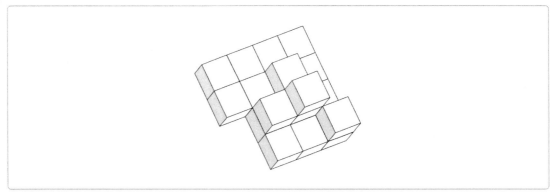

①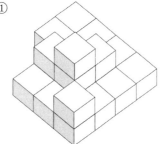

②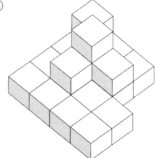

③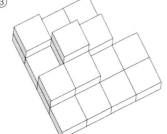

④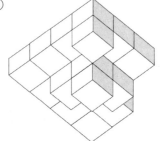

18

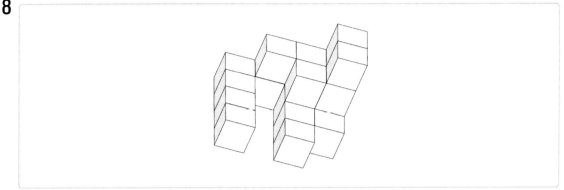

①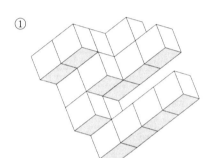

②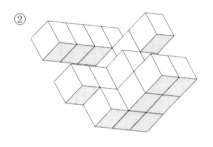

③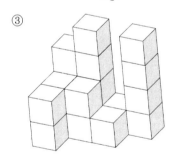

④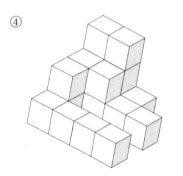

19

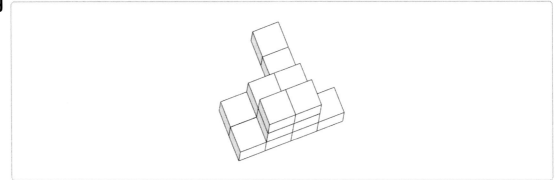

①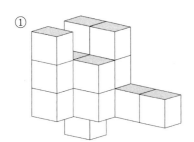

②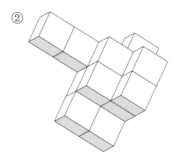

③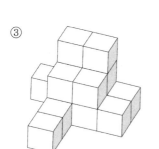

④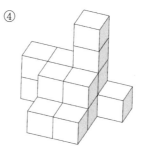

20

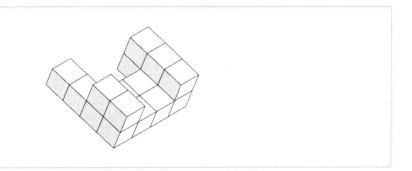

①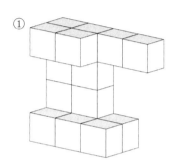

②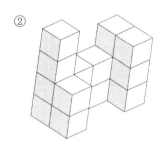

③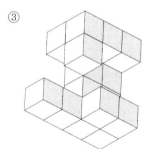

④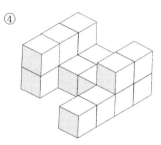

|21~25| 다음 전개도를 접었을 때, 나타나는 입체도형의 모양으로 알맞은 것을 고르시오. 단, 전개도는 글씨가 있는 면이 바깥쪽으로 오도록 접는다.

21

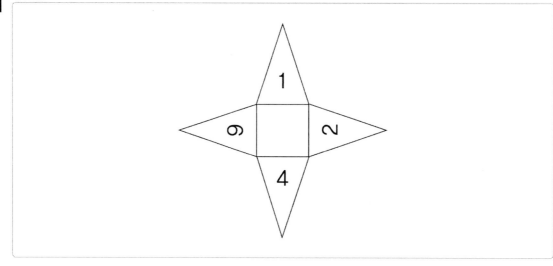

① 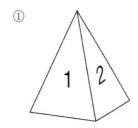　② 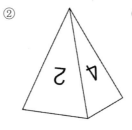　③ 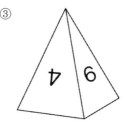　④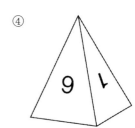

22

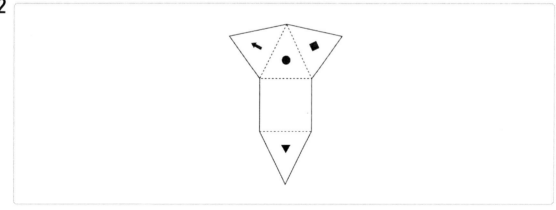

① 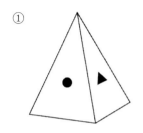 ② 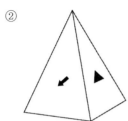 ③ 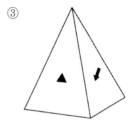 ④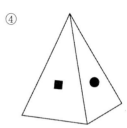

23

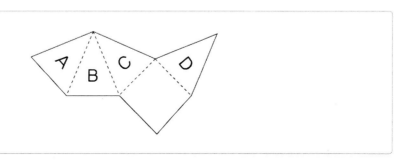

① 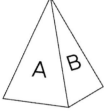 ② 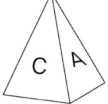 ③ 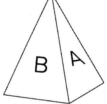 ④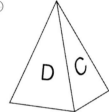

24

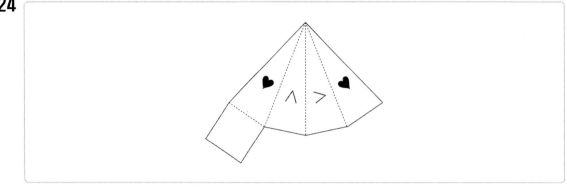

① 　② 　③ 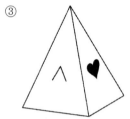　④

25

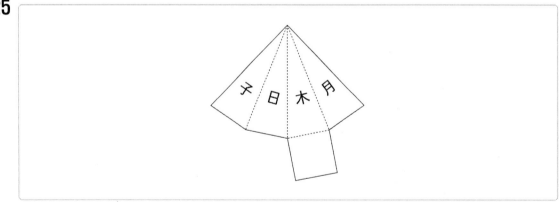

① 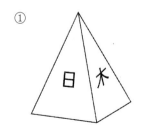　② 　③ 　④

▌26~30▐ 다음 전개도를 접었을 때, 나타나는 입체도형의 모양으로 알맞은 것을 고르시오.

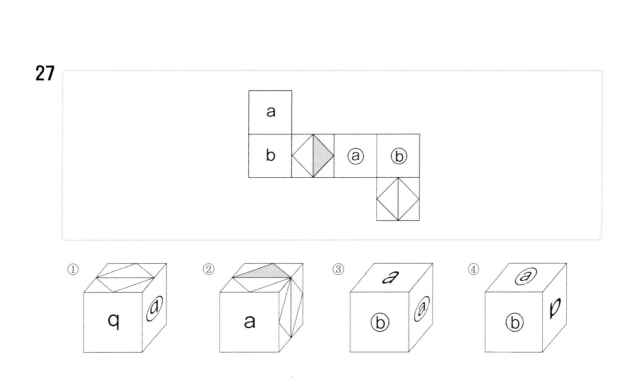

28

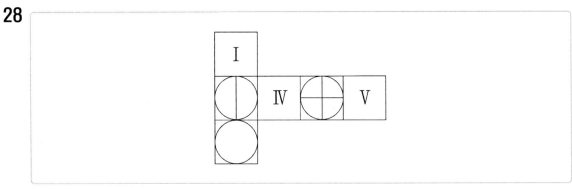

① 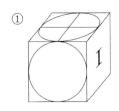 ② 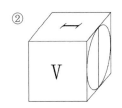 ③ 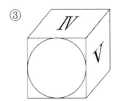 ④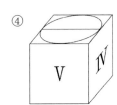

29

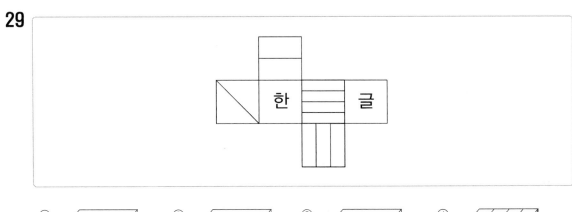

① 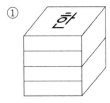 ② 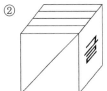 ③ 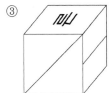 ④

30

CHAPTER 02

관찰력

정답 및 해설 **p.200**

┃1~5┃ 다음 중 나머지와 규칙이 다른 하나를 고르시오.

1 ① 2 3 6 7　　　　　　　　　② ㄴ ㄷ ㅂ ㅅ
　　③ Ⅱ Ⅲ Ⅴ Ⅵ　　　　　　　④ ⓑ ⓒ ⓕ ⓖ

2 ① 강 낭 망 방　　　　　　　② ① ② ⑥ ⑦
　　③ ⓐ ⓑ ⓕ ⓖ　　　　　　　④ 빨 주 남 보

3 ① 월 화 수 목　　　　　　　② (2) (3) (4) (5)
　　③ ㉯ ㉰ ㉱ ㉲　　　　　　　④ 빨 주 노 초

4 ① 1 4 5 7　　　　　　　　　② A B E D
　　③ 가 라 마 사　　　　　　　④ one four five seven

5 ① A B F G　　　　　　　　　② Ⅰ Ⅱ Ⅴ Ⅶ
　　③ ㉮ ㉯ ㉳ ㉴　　　　　　　④ 1 2 6 7

동타	동소	동물	동치
동소	동준	동탁	동타
동주	동탁	동준	동주
동탁	동타	동치	동해
동해	동화	동상	동소
동화	동탁	동주	동상

6

동주

① 1개   ② 2개
③ 3개   ④ 없다.

7

동해

① 없다.   ② 1개
③ 2개   ④ 3개

8

동간

① 1개   ② 2개
③ 3개   ④ 없다.

9

동물

① 1개   ② 2개

③ 3개   ④ 4개

10

동탁

① 1개   ② 2개

③ 3개   ④ 4개

┃11~15┃ 다음 중 반복되는 개수에 해당하는 문자를 고르시오.

양	약	얌	얀
얀	얕	얌	양
얌	양	얕	얌
약	얀	약	얀
양	약	양	약

11

6개

① 양   ② 얀

③ 약   ④ 얌

12

5개

① 얌 ② 얀

③ 약 ④ 양

13

4개

① 약 ② 얀

③ 양 ④ 얌

14

3개

① 얕 ② 약

③ 양 ④ 얌

15

2개

① 얌 ② 얕

③ 양 ④ 얀

┃16~20┃ 다음 표를 보고 제시되지 않은 단어를 고르시오.

수영	수정	수도	수원	수산
수삼	수들	수울	수영	수가
수와	수서	수완	수만	수얼
수평	수질	수풀	수번	수맙
수화	수석	수먹	수덩	수돈

16 ① 수사
　 ③ 수번

② 수와
④ 수도

17 ① 수영
　 ③ 수편

② 수들
④ 수질

18 ① 수가
　 ③ 수화

② 수말
④ 수돈

19 ① 수먹
　 ③ 수평

② 수얼
④ 수월

20 ① 수서
　 ③ 수만

② 수원
④ 수삼

▌21~30 ▌ 다음에 제시된 예를 보고 $와 !에 들어갈 도형으로 옳은 것을 고르시오.

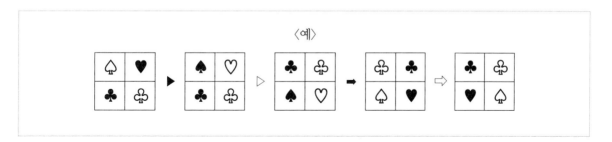

21

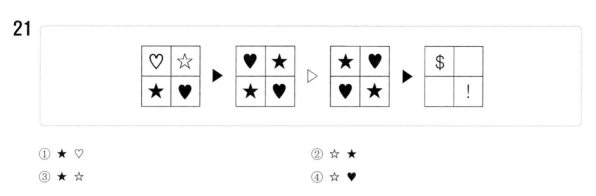

① ★ ♡   ② ☆ ★

③ ★ ☆   ④ ☆ ♥

22

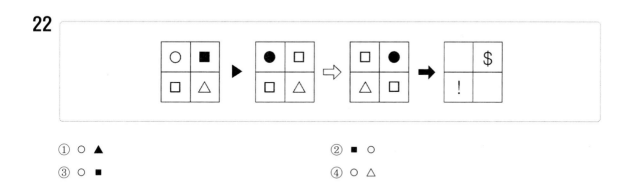

① ○ ▲   ② ■ ○

③ ○ ■   ④ ○ △

23

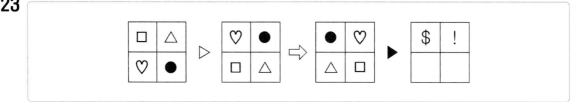

① ● △   ② ○ ♥
③ △ □   ④ ● ♡

24

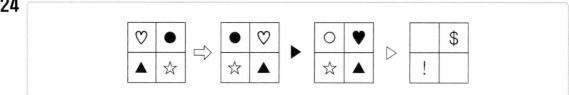

① ▲ ●   ② △ ○
③ △ ●   ④ ▲ ○

25

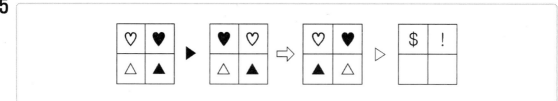

① ▲ △   ② △ ▲
③ ♡ ♥   ④ ♥ ♡

26

★	□
●	△

▶

☆	■
●	△

⇨

■	☆
△	●

▷

$	
!	

① ● ☆　　　　② △ ■

③ ○ ★　　　　④ ▲ □

27

♡	■
●	○

▷

●	○
♡	■

▶

○	●
♡	■

➡

	$
	!

① ♡ ○　　　　② ♥ ■

③ ● □　　　　④ ○ □

28

△	■
○	♥

⇨

■	△
♥	○

➡

□	▲
♡	●

⇨

$	
	!

① △ ■　　　　② ○ ♥

③ ▲ ♡　　　　④ □ ♡

29

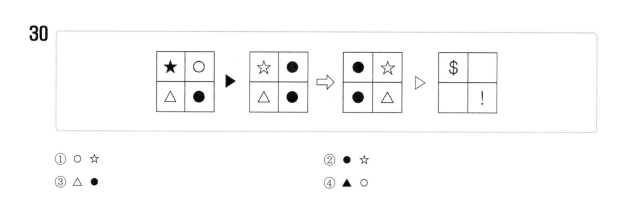

① ○ ●   ② ○ ○

③ ● ●   ④ ● ○

30

① ○ ☆   ② ● ☆

③ △ ●   ④ ▲ ○

CHAPTER 03

수리력

정답 및 해설 **p.207**

▌1~10▌ 다음 제시된 숫자의 배열을 보고 규칙을 적용하여 빈칸에 들어갈 알맞은 숫자를 고르시오.

1

> 1 2 3 5 8 13 ( ) 34

① 17   ② 19

③ 21   ④ 23

2

> 1 6 ( ) 8 5 10 7

① 3   ② 4

③ 9   ④ 11

3

> 1 5 11 −5 21 ( ) 31 −25

① 10   ② −10

③ 15   ④ −15

4

1　3　(　)　15　31　63　127

① 5　　　　　　　　　　　　　　② 7
③ 9　　　　　　　　　　　　　　④ 11

5

2　3　5　7　11　13　17　19　(　)

① 21　　　　　　　　　　　　　② 23
③ 27　　　　　　　　　　　　　④ 29

6

$$\frac{1}{88} \quad \frac{3}{88} \quad \frac{5}{88} \quad \frac{7}{88} \quad \frac{9}{88} \quad \frac{(\ \ )}{88} \quad \frac{15}{88}$$

① 11　　　　　　　　　　　　　② 12
③ 13　　　　　　　　　　　　　④ 14

7

3　4　5　7　9　13　15　22　(　)　34

① 23　　　　　　　　　　　　　② 25
③ 27　　　　　　　　　　　　　④ 29

8

$$1 \quad 2 \quad -1 \quad 8 \quad (\quad) \quad 62$$

① -19 ② -15

③ 10 ④ 12

9

$$2 \quad 3 \quad 7 \quad 34 \quad 290 \quad (\quad)$$

① 3400 ② 3415

③ 3430 ④ 3445

10

$$61 + 18 = 100 \qquad 99 + 98 = (\quad)$$

① 142 ② 148

③ 152 ④ 158

11 전교생이 1,000명인 어느 학교에서 안경 낀 학생 수를 조사하였다. 안경 낀 학생은 안경을 끼지 않은 학생보다 300명이 적었다. 안경 낀 남학생은 안경 낀 여학생의 1.5배이었다면 안경 낀 여학생은 몇 명인가?

① 120

② 140

③ 160

④ 180

12 점 A, B는 길이가 1cm인 고무줄의 양끝점이고, C는 고무줄 위에 있는 한 점이다. C는 A에서 0.7cm 떨어져 있다고 한다. 이 고무줄을 늘여 3cm로 만들면 C는 A로부터 몇 cm 떨어진 위치에 있게 되는가? (단, 고무줄은 균일하게 늘어난다고 가정한다.)

① 0.7

② 1.4

③ 2.1

④ 2.8

13 한 학년에 세 반이 있는 학교가 있다. 학생수가 A반은 20명, B반은 30명, C반은 50명이다. 수학 점수 평균이 A반은 70점, B반은 80점, C반은 60점일 때, 이 세 반의 평균은 얼마인가?

① 62

② 64

③ 66

④ 68

14 1,000쪽 분량의 책 한 권에 1부터 1,000까지의 수를 한 번씩만 사용하여 쪽 번호를 매겼다면 숫자 7은 총 몇 번 사용되었는가?

① 300

② 310

③ 320

④ 330

15 홀수 층에서만 정지하는 엘리베이터가 있다. 한 층에서 다음 층까지 이동 시간은 5초이며, 문이 열리고 닫히는 데 3초가 걸린다. 11층에서 내려오기 시작하여 모든 홀수 층에서 정지하고, 1층까지 도착하는 데 걸리는 시간은 몇 초인가?

① 62　　　　　　　　　　　　　② 65

③ 68　　　　　　　　　　　　　④ 72

16 어느 야구선수가 시합에 10번 참여하여 시합당 평균 0.6개의 홈런을 기록하였다. 앞으로 5번의 시합에 더 참여하여 총 15번 경기에서의 시합당 평균 홈런을 0.8개 이상으로 높이고자 한다. 남은 5번의 시합에서 최소 몇 개의 홈런을 쳐야하는가?

① 4　　　　　　　　　　　　　② 5

③ 6　　　　　　　　　　　　　④ 7

17 길이가 Xm인 기차가 Ym인 다리에 진입하여 완전히 빠져나갈 때까지 걸리는 시간이 10초일 때, 기차의 속도는? (단, 기차의 속도는 일정하다.)

① $\dfrac{X+Y}{36}$km/h　　　　　　② $\dfrac{2X+Y}{36}$km/h

③ $\dfrac{9(X+Y)}{25}$km/h　　　　　④ $\dfrac{9(2X+Y)}{25}$km/h

18 A, B, C 세 사람이 한 시간 동안 일을 하는데, A와 B가 함께 일을 하면 X개의 제품을 생산하고, A와 C가 함께 일을 하면 Y개의 제품을 생산하며, B와 C가 함께 일을 하면 Z개의 제품을 생산한다고 한다. A, B, C가 같이 일을 한다면 한 시간 동안 생산하는 제품의 수는?

① $X + Y + Z$

② $\dfrac{(X + Y + Z)}{2}$

③ $\dfrac{(X + Y + Z)}{3}$

④ $\dfrac{(2X + 2Y + 2Z)}{3}$

19 정훈 혼자로는 30일, 정민 혼자로는 40일 걸리는 일이 있다. 둘은 공동 작업으로 일을 시작했으나, 중간에 정훈이가 쉬었기 때문에 끝마치는 데 24일이 걸렸다면 정훈이가 쉬었던 기간은?

① 6일

② 12일

③ 15일

④ 17일

20 인터넷 사이트에 접속하여 초당 1.5MB의 속도로 파일을 내려 받는 데 총 12분 30초가 걸렸다. 파일을 내려 받는 데 걸린 시간은 인터넷 사이트에 접속하는 데 걸린 시간의 4배일 때, 내려 받은 파일의 크기는?

① 500MB

② 650MB

③ 900MB

④ 950MB

21 10%의 소금물과 5%의 소금물을 섞어 8%의 소금물 300g을 만들려고 한다. 10%의 소금물과 5%의 소금물의 무게는 각각 얼마만큼씩 필요한가?

	10%	5%
①	190g	110g
②	180g	120g
③	170g	130g
④	160g	140g

22 두 가지 메뉴 A, B를 파는 어느 음식점에서 지난주에 두 메뉴를 합하여 1,000명분을 팔았다. 이번 주에는 지난주에 비하여 A 메뉴는 판매량이 5% 감소하고, B 메뉴는 10% 증가하여 전체적으로 4% 증가하였다. 이번 주에 판매된 A 메뉴는 몇 명분인가?

① 360명

② 380명

③ 400명

④ 420명

23 규민이 혼자 6일, 영태 혼자 10일에 끝낼 수 있는 일이 있다. 이 일을 규민이와 영태가 함께 며칠 일하면 전체의 80%의 일을 하겠는가?

① 2일

② 3일

③ 4일

④ 5일

24 일정한 속력으로 달리는 버스가 A m의 터널을 통과하는데 5초 걸리고, B m의 철교를 지나는데 9초가 걸린다. 이때 버스의 길이는?

① $\dfrac{A+B}{13}$

② $\dfrac{5(A+B)}{4}$

③ $\dfrac{5B-9A}{4}$

④ $\dfrac{9B-5A}{4}$

25 영희는 낮 12시에 약속이 있었지만 전날의 과로로 계속해서 잠을 자게 되었다. 민수가 기다리다가 12시부터 10분마다 전화를 했다면 1시 20분까지는 전화벨이 몇 번 울렸는가?

① 7번

② 9번

③ 11번

④ 13번

26 한 사람이 자동차를 운전하고 Akm의 거리에 있는 X지점까지 Bkm/h의 속도로 갔다가 다시 원래의 지점으로 C km/h의 속도로 돌아왔다. 이 사람이 X지점까지 갔다가 돌아오는데 걸린 시간은?

① $\dfrac{ABC}{B+C}$

② $\dfrac{A(B+C)}{BC}$

③ $\dfrac{B+C}{A}$

④ $\dfrac{2A}{BC}$

27 민희는 휴대폰 요금을 10초당 15원인 요금제도를 사용하고 있다. 하루에 쓰는 통화요금이 1,800원이라고 할 때 새해 첫날인 1월 1일부터 사용한 누적시간이 1,500분이 되는 때는 언제인가?

① 2월 12일

② 3월 16일

③ 4월 18일

④ 5월 20일

28 어떤 시각에 시작하는 회의에 A, B, C, D 4명이 모였다. A는 B보다 10분 일찍 도착했지만, C보다는 4분 늦게 도착했다. D는 B보다 5분 일찍 도착해서 회의가 시작되는 시각까지는 아직 15분의 여유가 있었다면 C는 회의가 시작되는 몇 분 전에 도착했겠는가?

① 20분 전

② 24분 전

③ 30분 전

④ 35분 전

29 페인트 한 통과 벽지 5묶음으로 51m²의 넓이를 도배할 수 있고, 페인트 한 통과 벽지 3묶음으로는 39m²를 도배할 수 있다고 한다. 이때, 페인트 2통과 벽지 2묶음으로 도배할 수 있는 넓이는?

① 45m²

② 48m²

③ 51m²

④ 54m²

30 어떤 종이에 색깔을 칠하는데, 녹색은 종이 전체의 3분의 1을 칠하고 분홍색은 종이 전체의 45%만큼 칠하며 어떤 색도 칠하지 않은 넓이는 전체의 32%가 되었다. 녹색과 분홍색이 겹치게 칠해진 부분이 27.9cm일 때, 전체 종이의 넓이는?

① 260cm²

② 270cm²

③ 310cm²

④ 330cm²

PART

IV

직업기초능력평가(신입직)

CHAPTER 01 의사소통능력

01 의사소통과 의사소통능력

(1) 의사소통

① 개념 : 사람들 간에 생각이나 감정, 정보, 의견 등을 교환하는 총체적인 행위로, 직장생활에서의 의사소통은 조직과 팀의 효율성과 효과성을 성취할 목적으로 이루어지는 구성원 간의 정보와 지식 전달 과정이라고 할 수 있다.

② 기능 : 공동의 목표를 추구해 나가는 집단 내의 기본적 존재 기반이며 성과를 결정하는 핵심 기능이다.

③ 의사소통의 종류

    ㉠ 언어적인 것 : 대화, 전화통화, 토론 등

    ㉡ 문서적인 것 : 메모, 편지, 기획안 등

    ㉢ 비언어적인 것 : 몸짓, 표정 등

④ 의사소통을 저해하는 요인 : 정보의 과다, 메시지의 복잡성 및 메시지 간의 경쟁, 상이한 직위와 과업지향형, 신뢰의 부족, 의사소통을 위한 구조상의 권한, 잘못된 매체의 선택, 폐쇄적인 의사소통 분위기 등

(2) 의사소통능력

① 개념 : 의사소통능력은 직장생활에서 문서나 상대방이 하는 말의 의미를 파악하는 능력, 자신의 의사를 정확하게 표현하는 능력, 간단한 외국어 자료를 읽거나 외국인의 의사표시를 이해하는 능력을 포함한다.

② 의사소통능력 개발을 위한 방법

    ㉠ 사후검토와 피드백을 활용한다.

    ㉡ 명확한 의미를 가진 이해하기 쉬운 단어를 선택하여 이해도를 높인다.

    ㉢ 적극적으로 경청한다.

    ㉣ 메시지를 감정적으로 곡해하지 않는다.

의사소통능력을 구성하는 하위능력

(1) 문서이해능력

① 문서와 문서이해능력

   ㉠ 문서 : 제안서, 보고서, 기획서, 이메일, 팩스 등 문자로 구성된 것으로 상대방에게 의사를 전달하여 설득하는 것을 목적으로 한다.

   ㉡ 문서이해능력 : 직업현장에서 자신의 업무와 관련된 문서를 읽고, 내용을 이해하고 요점을 파악할 수 있는 능력을 말한다.

▌ 예제 1 ▐

다음은 신용카드 약관의 주요내용이다. 규정 약관을 제대로 이해하지 못한 사람은?

> **[부가서비스]**
> 카드사는 법령에서 정한 경우를 제외하고 상품을 새로 출시한 후 1년 이내에 부가서비스를 줄이거나 없앨 수가 없다. 또한 부가서비스를 줄이거나 없앨 경우에는 그 세부내용을 변경일 6개월 이전에 회원에게 알려주어야 한다.
>
> **[중도 해지 시 연회비 반환]**
> 연회비 부과기간이 끝나기 이전에 카드를 중도해지하는 경우 남은 기간에 해당하는 연회비를 계산하여 10 영업일 이내에 돌려줘야 한다. 다만, 카드 발급 및 부가서비스 제공에 이미 지출된 비용은 제외된다.
>
> **[카드 이용한도]**
> 카드 이용한도는 카드 발급을 신청할 때에 회원이 신청한 금액과 카드사의 심사기준을 종합적으로 반영하여 회원이 신청한 금액 범위 이내에서 책정되며 회원의 신용도가 변동되었을 때에는 카드사는 회원의 이용한도를 조정할 수 있다.
>
> **[부정사용 책임]**
> 카드 위조 및 변조로 인하여 발생된 부정사용 금액에 대해서는 카드사가 책임을 진다. 다만, 회원이 비밀번호를 다른 사람에게 알려주거나 카드를 다른 사람에게 빌려주는 등의 중대한 과실로 인해 부정사용이 발생하는 경우에는 회원이 그 책임의 전부 또는 일부를 부담할 수 있다.

① 혜수 : 카드사는 법령에서 정한 경우를 제외하고는 1년 이내에 부가서비스를 줄일 수 없어.
② 진성 : 카드 위조 및 변조로 인하여 발생된 부정사용 금액은 일괄 카드사가 책임을 지게 돼.
③ 영훈 : 회원의 신용도가 변경되었을 때 카드사가 이용한도를 조정할 수 있어.
④ 영호 : 연회비 부과기간이 끝나기 이전에 카드를 중도해지하는 경우에는 남은 기간에 해당하는 연회비를 카드사는 돌려줘야 해.

[출제의도]
주어진 약관의 내용을 읽고 그에 대한 상세 내용의 정보를 이해하는 능력을 측정하는 문항이다.
[해설]
② 부정사용에 대해 고객의 과실이 있으면 회원이 그 책임의 전부 또는 일부를 부담할 수 있다.

답 ②

② 문서의 종류

    ㉠ 공문서 : 정부기관에서 공무를 집행하기 위해 작성하는 문서로, 단체 또는 일반회사에서 정부기관을 상대로 사업을 진행할 때 작성하는 문서도 포함된다. 엄격한 규격과 양식이 특징이다.

    ㉡ 기획서 : 아이디어를 바탕으로 기획한 프로젝트에 대해 상대방에게 전달하여 시행하도록 설득하는 문서이다.

    ㉢ 기안서 : 업무에 대한 협조를 구하거나 의견을 전달할 때 작성하는 사내 공문서이다.

    ㉣ 보고서 : 특정한 업무에 관한 현황이나 진행 상황, 연구·검토 결과 등을 보고하고자 할 때 작성하는 문서이다.

    ㉤ 설명서 : 상품의 특성이나 작동 방법 등을 소비자에게 설명하기 위해 작성하는 문서이다.

    ㉥ 보도자료 : 정부기관이나 기업체 등이 언론을 상대로 자신들의 정보를 기사화 되도록 하기 위해 보내는 자료이다.

    ㉦ 자기소개서 : 개인이 자신의 성장과정이나, 입사 동기, 포부 등에 대해 구체적으로 기술하여 자신을 소개하는 문서이다.

    ㉧ 비즈니스 레터(E-mail) : 사업상의 이유로 고객에게 보내는 편지다.

    ㉨ 비즈니스 메모 : 업무상 확인해야 할 일을 메모형식으로 작성하여 전달하는 글이다.

③ 문서이해의 절차 : 문서의 목적 이해→문서 작성 배경·주제 파악→정보 확인 및 현안문제 파악→문서 작성자의 의도 파악 및 자신에게 요구되는 행동 분석→목적 달성을 위해 취해야 할 행동 고려→문서 작성자의 의도를 도표나 그림 등으로 요약·정리

(2) 문서작성능력

① 작성되는 문서에는 대상과 목적, 시기, 기대효과 등이 포함되어야 한다.

② 문서작성의 구성요소

    ㉠ 짜임새 있는 골격, 이해하기 쉬운 구조

    ㉡ 객관적이고 논리적인 내용

    ㉢ 명료하고 설득력 있는 문장

    ㉣ 세련되고 인상적인 레이아웃

▏ 예제 2 ▕

다음은 들은 내용을 구조적으로 정리하는 방법이다. 순서에 맞게 배열하면?

> ㉠ 관련 있는 내용끼리 묶는다.
> ㉡ 묶은 내용에 적절한 이름을 붙인다.
> ㉢ 전체 내용을 이해하기 쉽게 구조화한다.
> ㉣ 중복된 내용이나 덜 중요한 내용을 삭제한다.

① ㉠㉡㉢㉣
② ㉠㉡㉣㉢
③ ㉡㉠㉢㉣
④ ㉡㉠㉣㉢

③ 문서의 종류에 따른 작성방법

　㉠ 공문서

* 육하원칙이 드러나도록 써야 한다.
* 날짜는 반드시 연도와 월, 일을 함께 언급하며, 날짜 다음에 괄호를 사용할 때는 마침표를 찍지 않는다.
* 대외문서이며, 장기간 보관되기 때문에 정확하게 기술해야 한다.
* 내용이 복잡할 경우 '－다음－', '－아래－'와 같은 항목을 만들어 구분한다.
* 한 장에 담아내는 것을 원칙으로 하며, 마지막엔 반드시 '끝'자로 마무리 한다.

　㉡ 설명서

* 정확하고 간결하게 작성한다.
* 이해하기 어려운 전문용어의 사용은 삼가고, 복잡한 내용은 도표화 한다.
* 명령문보다는 평서문을 사용하고, 동어 반복보다는 다양한 표현을 구사하는 것이 바람직하다.

　㉢ 기획서

* 상대를 설득하여 기획서가 채택되는 것이 목적이므로 상대가 요구하는 것이 무엇인지 고려하여 작성하며, 기획의 핵심을 잘 전달하였는지 확인한다.
* 분량이 많을 경우 전체 내용을 한눈에 파악할 수 있도록 목차구성을 신중히 한다.
* 효과적인 내용 전달을 위한 표나 그래프를 적절히 활용하고 산뜻한 느낌을 줄 수 있도록 한다.
* 인용한 자료의 출처 및 내용이 정확해야 하며 제출 전 충분히 검토한다.

ⓔ 보고서

- 도출하고자 한 핵심내용을 구체적이고 간결하게 작성한다.
- 내용이 복잡할 경우 도표나 그림을 활용하고, 참고자료는 정확하게 제시한다.
- 제출하기 전에 최종점검을 하며 질의를 받을 것에 대비한다.

예제 3

다음 중 공문서 작성에 대한 설명으로 가장 적절하지 못한 것은?

① 공문서나 유가증권 등에 금액을 표시할 때에는 한글로 기재하고 그 옆에 괄호를 넣어 숫자로 표기한다.
② 날짜는 숫자로 표기하되 년, 월, 일의 글자는 생략하고 그 자리에 온점(.)을 찍어 표시한다.
③ 첨부물이 있는 경우에는 붙임 표시문 끝에 1자 띄우고 "끝."이라고 표시한다.
④ 공문서의 본문이 끝났을 경우에는 1자를 띄우고 "끝."이라고 표시한다.

④ 문서작성의 원칙

　　㉠ 문장은 짧고 간결하게 작성한다. → 간결체 사용

　　㉡ 상대방이 이해하기 쉽게 쓴다.

　　㉢ 불필요한 한자의 사용을 자제한다.

　　㉣ 문장은 긍정문의 형식을 사용한다.

　　㉤ 간단한 표제를 붙인다.

　　㉥ 문서의 핵심내용을 먼저 쓰도록 한다. → 두괄식 구성

⑤ 문서작성 시 주의사항

　　㉠ 육하원칙에 의해 작성한다.

　　㉡ 문서 작성시기가 중요하다.

　　㉢ 한 사안은 한 장의 용지에 작성한다.

　　㉣ 반드시 필요한 자료만 첨부한다.

　　㉤ 금액, 수량, 일자 등은 기재에 정확성을 기한다.

　　㉥ 경어나 단어사용 등 표현에 신경 쓴다.

　　㉦ 문서작성 후 반드시 최종적으로 검토한다.

⑥ 효과적인 문서작성 요령

    ㉠ **내용이해** : 전달하고자 하는 내용과 핵심을 정확하게 이해해야 한다.

    ㉡ **목표설정** : 전달하고자 하는 목표를 분명하게 설정한다.

    ㉢ **구성** : 내용 전달 및 설득에 효과적인 구성과 형식을 고려한다.

    ㉣ **자료수집** : 목표를 뒷받침할 자료를 수집한다.

    ㉤ **핵심전달** : 단락별 핵심을 하위목차로 요약한다.

    ㉥ **대상파악** : 대상에 대한 이해와 분석을 통해 철저히 파악한다.

    ㉦ **보충설명** : 예상되는 질문을 정리하여 구체적인 답변을 준비한다.

    ㉧ **문서표현의 시각화** : 그래프, 그림, 사진 등을 적절히 사용하여 이해를 돕는다.

(3) 경청능력

① **경청의 중요성** : 경청은 다른 사람의 말을 주의 깊게 들으며 공감하는 능력으로 경청을 통해 상대방을 한 개인으로 존중하고 성실한 마음으로 대하게 되며, 상대방의 입장에 공감하고 이해하게 된다.

② **경청을 방해하는 습관** : 짐작하기, 대답할 말 준비하기, 걸러내기, 판단하기, 다른 생각하기, 조언하기, 언쟁하기, 옳아야만 하기, 슬쩍 넘어가기, 비위 맞추기 등

③ **효과적인 경청방법**

    ㉠ **준비하기** : 강연이나 프레젠테이션 이전에 나누어주는 자료를 읽어 미리 주제를 파악하고 등장하는 용어를 익혀둔다.

    ㉡ **주의 집중** : 말하는 사람의 모든 것에 집중해서 적극적으로 듣는다.

    ㉢ **예측하기** : 다음에 무엇을 말할 것인가를 추측하려고 노력한다.

    ㉣ **나와 관련짓기** : 상대방이 전달하고자 하는 메시지를 나의 경험과 관련지어 생각해 본다.

    ㉤ **질문하기** : 질문은 듣는 행위를 적극적으로 하게 만들고 집중력을 높인다.

    ㉥ **요약하기** : 주기적으로 상대방이 전달하려는 내용을 요약한다.

    ㉦ **반응하기** : 피드백을 통해 의사소통을 점검한다.

다음은 면접스터디 중 일어난 대화이다. 민아의 고민을 해소하기 위한 조언으로 가장 적절한 것은?

> 지섭 : 민아씨, 어디 아파요? 표정이 안 좋아 보여요.
> 민아 : 제가 원서 넣은 공단이 내일 면접이어서요. 그동안 스터디를 통해서 면접 연습을 많이 했는데도 벌써부터 긴장이 되네요.
> 지섭 : 민아씨는 자기 의견도 명확히 피력할 줄 알고 조리 있게 설명을 잘 하시니 걱정 안하셔도 될 것 같아요. 아, 손에 꽉 쥐고 계신 건 뭔가요?
> 민아 : 아, 제가 예상 답변을 정리해서 모아둔거에요. 내용은 거의 외웠는데 이렇게 쥐고 있지 않으면 불안해서..
> 지섭 : 그 정도로 준비를 철저히 하셨으면 걱정할 이유 없을 것 같아요.
> 민아 : 그래도 압박면접이거나 예상치 못한 질문이 들어오면 어떻게 하죠?
> 지섭 : _____

① 시선을 적절히 처리하면서 부드러운 어투로 말하는 연습을 해보는 건 어때요?
② 공식적인 자리인 만큼 옷차림을 신경 쓰는 게 좋을 것 같아요.
③ 당황하지 말고 질문자의 의도를 잘 파악해서 침착하게 대답하면 되지 않을까요?
④ 예상 질문에 대한 답변을 좀 더 정확하게 외워보는 건 어떨까요?

답 ③

(4) 의사표현능력

① 의사표현의 개념과 종류

　㉠ 개념 : 화자가 자신의 생각과 감정을 청자에게 음성언어나 신체언어로 표현하는 행위이다.

　㉡ 종류
　　• 공식적 말하기 : 사전에 준비된 내용을 대중을 대상으로 말하는 것으로 연설, 토의, 토론 등이 있다.
　　• 의례적 말하기 : 사회·문화적 행사에서와 같이 절차에 따라 하는 말하기로 식사, 주례, 회의 등이 있다.
　　• 친교적 말하기 : 친근한 사람들 사이에서 자연스럽게 주고받는 대화 등을 말한다.

② 의사표현의 방해요인

　㉠ **연단공포증** : 연단에 섰을 때 가슴이 두근거리거나 땀이 나고 얼굴이 달아오르는 등의 현상으로 충분한 분석과 준비, 더 많은 말하기 기회 등을 통해 극복할 수 있다.

　㉡ 말 : 말의 장단, 고저, 발음, 속도, 쉼 등을 포함한다.

　㉢ 음성 : 목소리와 관련된 것으로 음색, 고저, 명료도, 완급 등을 의미한다.

　㉣ 몸짓 : 비언어적 요소로 화자의 외모, 표정, 동작 등이다.

　㉤ 유머 : 말하기 상황에 따른 적절한 유머를 구사할 수 있어야 한다.

③ 상황과 대상에 따른 의사표현법

　㉠ 잘못을 지적할 때 : 모호한 표현을 삼가고 확실하게 지적하며, 당장 꾸짖고 있는 내용에만 한정한다.

　㉡ 칭찬할 때 : 자칫 아부로 여겨질 수 있으므로 센스 있는 칭찬이 필요하다.

　㉢ 부탁할 때 : 먼저 상대방의 사정을 듣고 응하기 쉽게 구체적으로 부탁하며 거절을 당해도 싫은 내색을 하지 않는다.

　㉣ 요구를 거절할 때 : 먼저 사과하고 응해줄 수 없는 이유를 설명한다.

　㉤ 명령할 때 : 강압적인 말투보다는 '○○을 이렇게 해주는 것이 어떻겠습니까?'와 같은 식으로 부드럽게 표현하는 것이 효과적이다.

　㉥ 설득할 때 : 일방적으로 강요하기보다는 먼저 양보해서 이익을 공유하겠다는 의지를 보여주는 것이 좋다.

　㉦ 충고할 때 : 충고는 가장 최후의 방법이다. 반드시 충고가 필요한 상황이라면 예화를 들어 비유적으로 깨우쳐주는 것이 바람직하다.

　㉧ 질책할 때 : 샌드위치 화법(칭찬의 말 + 질책의 말 + 격려의 말)을 사용하여 청자의 반발을 최소화 한다.

예제 5

당신은 팀장님께 업무 지시내용을 수행하고 결과물을 보고 드렸다. 하지만 팀장님께서는 "최대리 업무를 이렇게 처리하면 어떡하나? 누락된 부분이 있지 않은가."라고 말하였다. 이에 대해 당신이 행할 수 있는 가장 부적절한 대처 자세는?

① "죄송합니다. 제가 잘 모르는 부분이라 이수혁 과장님께 부탁을 했는데 과장님께서 실수를 하신 것 같습니다."
② "주의를 기울이지 못해 죄송합니다. 어느 부분을 수정보완하면 될까요?"
③ "지시하신 내용을 제가 충분히 이해하지 못하였습니다. 내용을 다시 한 번 여쭤보아도 되겠습니까?"
④ "부족한 내용을 보완하는 자료를 취합하기 위해서 하루정도가 더 소요될 것 같습니다. 언제까지 재작성하여 드리면 될까요?"

[출제의도]
상사가 잘못을 지적하는 상황에서 어떻게 대처해야 하는지를 묻는 문항이다.
[해설]
상사가 부탁한 지시사항을 다른 사람에게 부탁하는 것은 옳지 못하며 설사 그렇다고 해도 그 일의 과오에 대해 책임을 전가하는 것은 지양해야 할 자세이다.

답 ①

---

④ 원활한 의사표현을 위한 지침

　㉠ 올바른 화법을 위해 독서를 하라.

　㉡ 좋은 청중이 되라.

　㉢ 칭찬을 아끼지 마라.

　㉣ 공감하고, 긍정적으로 보이게 하라.

ⓜ 겸손은 최고의 미덕임을 잊지 마라.

ⓗ 과감하게 공개하라.

ⓢ 뒷말을 숨기지 마라.

ⓞ 첫마디 말을 준비하라.

ⓙ 이성과 감성의 조화를 꾀하라.

ⓒ 대화의 룰을 지켜라.

ⓚ 문장을 완전하게 말하라.

⑤ 설득력 있는 의사표현을 위한 지침

㉠ 'Yes'를 유도하여 미리 설득 분위기를 조성하라.

㉡ 대비 효과로 분발심을 불러 일으켜라.

㉢ 침묵을 지키는 사람의 참여도를 높여라.

㉣ 여운을 남기는 말로 상대방의 감정을 누그러뜨려라.

㉤ 하던 말을 갑자기 멈춤으로써 상대방의 주의를 끌어라.

㉥ 호칭을 바꿔서 심리적 간격을 좁혀라.

㉦ 끄집어 말하여 자존심을 건드려라.

㉧ 정보전달 공식을 이용하여 설득하라.

㉨ 상대방의 불평이 가져올 결과를 강조하라.

㉩ 권위 있는 사람의 말이나 작품을 인용하라.

㉪ 약점을 보여 주어 심리적 거리를 좁혀라.

㉫ 이상과 현실의 구체적 차이를 확인시켜라.

㉬ 자신의 잘못도 솔직하게 인정하라.

㉭ 집단의 요구를 거절하려면 개개인의 의견을 물어라.

ⓐ 동조 심리를 이용하여 설득하라.

ⓑ 지금까지의 노고를 치하한 뒤 새로운 요구를 하라.

ⓒ 담당자가 대변자 역할을 하도록 하여 윗사람을 설득하게 하라.

ⓓ 겉치레 양보로 기선을 제압하라.

ⓔ 변명의 여지를 만들어 주고 설득하라.

ⓕ 혼자 말하는 척하면서 상대의 잘못을 지적하라.

(5) 기초외국어능력

① 기초외국어능력의 개념과 필요성

    ㉠ **개념** : 기초외국어능력은 외국어로 된 간단한 자료를 이해하거나, 외국인과의 전화응대와 간단한 대화 등 외국인의 의사표현을 이해하고, 자신의 의사를 기초외국어로 표현할 수 있는 능력이다.

    ㉡ **필요성** : 국제화·세계화 시대에 다른 나라와의 무역을 위해 우리의 언어가 아닌 국제적인 통용어를 사용하거나 그들의 언어로 의사소통을 해야 하는 경우가 생길 수 있다.

② 외국인과의 의사소통에서 피해야 할 행동

    ㉠ 상대를 볼 때 흘겨보거나, 노려보거나, 아예 보지 않는 행동

    ㉡ 팔이나 다리를 꼬는 행동

    ㉢ 표정이 없는 것

    ㉣ 다리를 흔들거나 펜을 돌리는 행동

    ㉤ 맞장구를 치지 않거나 고개를 끄덕이지 않는 행동

    ㉥ 생각 없이 메모하는 행동

    ㉦ 자료만 들여다보는 행동

    ㉧ 바르지 못한 자세로 앉는 행동

    ㉨ 한숨, 하품, 신음소리를 내는 행동

    ㉩ 다른 일을 하며 듣는 행동

    ㉪ 상대방에게 이름이나 호칭을 어떻게 부를지 묻지 않고 마음대로 부르는 행동

③ 기초외국어능력 향상을 위한 공부법

    ㉠ 외국어공부의 목적부터 정하라.

    ㉡ 매일 30분씩 눈과 손과 입에 밸 정도로 반복하라.

    ㉢ 실수를 두려워하지 말고 기회가 있을 때마다 외국어로 말하라.

    ㉣ 외국어 잡지나 원서와 친해져라.

    ㉤ 소홀해지지 않도록 라이벌을 정하고 공부하라.

    ㉥ 업무와 관련된 주요 용어의 외국어는 꼭 알아두자.

    ㉦ 출퇴근 시간에 외국어 방송을 보거나, 듣는 것만으로도 귀가 트인다.

    ㉧ 어린이가 단어를 배우듯 외국어 단어를 암기할 때 그림카드를 사용해 보라.

    ㉨ 가능하면 외국인 친구를 사귀고 대화를 자주 나눠 보라.

출제예상문제

정답 및 해설 **p.214**

1 다음은 OO 공사의 식수 오염을 주제로 한 보고서의 내용이다. A~D 사원 중 보고서를 바르게 이해한 사람은?

> 식수 오염의 방지를 위해서 빠른 시간 내 식수의 분변 오염 여부를 밝히고 오염의 정도를 확인하기 위한 목적으로 지표 생물의 개념을 도입하였다. 병원성 세균, 바이러스, 원생동물, 기생체 소낭 등과 같은 병원체를 직접 검출하는 것은 비싸고 시간이 많이 걸릴 뿐만 아니라 숙달된 기술을 요구하지만, 지표 생물을 이용하면 이러한 문제를 많이 해결할 수 있다.
>
> 식수가 분변으로 오염되어 있다면 분변에 있는 병원체 수와 비례하여 존재하는 비병원성 세균을 지표 생물로 이용한다. 이에 대표적인 것은 대장균이다. 대장균은 그 기원이 전부 동물의 배설물에 의한 것이므로, 시료에서 대장균의 균체 수가 일정 기준보다 많이 검출되면 그 시료에는 인체에 유해할 만큼의 병원체도 존재한다고 추정할 수 있다. 그러나 온혈 동물에게서 배설되는 비슷한 종류의 다른 세균들을 배제하고 대장균만을 측정하기는 어렵다. 그렇기 때문에 대장균이 속해 있는 비슷한 세균군을 모두 검사하여 분변 오염 여부를 판단하고, 이 세균군을 총대장균군이라고 한다.
>
> 총대장균군에 포함된 세균이 모두 온혈동물의 분변에서 기원한 것은 아니지만, 온혈동물의 배설물을 통해서도 많은 수가 방출되고 그 수는 병원체의 수에 비례한다. 염소 소독과 같은 수질 정화 과정에서도 병원체와 유사한 저항성을 가지므로 식수, 오락 및 휴양 용수의 수질 결정에 좋은 지표이다. 지표 생물로 사용하는 또 다른 것은 분변성 연쇄상구균군이다. 이는 대장균을 포함하지는 않지만 사람과 온혈동물의 장에 흔히 서식하므로 물의 분변 오염 여부를 판정하는 데 이용된다. 이들은 잔류성이 높고 장 밖에서는 증식하지 않기 때문에 시료에서도 그 수가 일정하게 유지되어 좋은 상수 소독 처리지표로 활용된다.

① A 사원 : 온혈동물의 분변에서 기원되는 균은 모두 지표 생물이 될 수 있다.
② B 사원 : 수질 정화 과정에서 총대장균군은 병원체보다 높은 생존율을 보인다.
③ C 사원 : 채취된 시료 속의 총대장균군의 세균 수와 병원체 수는 비례하여 존재한다.
④ D 사원 : 지표 생물을 검출하는 것은 병원체를 직접 검출하는 것보다 숙달된 기술을 필요로 한다.

2 다음은 ○○미디어 재단에 올라온 A, B 두 사람의 논쟁이다. 재단에서 이를 분석한 것으로 가장 적절한 것은?

A-1 : 최근 인터넷으로 대표되는 정보통신기술 혁명은 과거 유례를 찾을 수 없을 정도로 세상이 돌아가는 방식을 근본적으로 바꿔놓았다. 정보통신기술 혁명은 물리적 거리의 파괴로 이어졌고, 그에 따라 국경 없는 세계가 출현하면서 국경을 넘나드는 자본, 노동, 상품에 대한 규제가 철폐될 수밖에 없는 사회가 되었다. 이제 개인이나 기업 혹은 국가는 과거보다 훨씬 더 유연한 자세를 견지해야 하고, 이를 위해서는 강력한 시장 자유화가 필요하다.

B-1 : 변화를 인식할 때 우리는 가장 최근의 것을 가장 혁신적인 것으로 생각하는 경향이 있다. 인터넷 혁명의 경제적, 사회적 영향은 최소한 지금까지는 세탁기를 비롯한 가전제품만큼 크지 않았다. 가전제품은 집안일에 들이는 노동시간을 대폭 줄여줌으로써 여성들의 경제활동을 촉진했고, 가족 내의 전통적인 역학관계를 바꾸었다. 옛것을 과소평가해서도 안 되고 새것을 과대평가해서도 안 된다. 그렇게 할 경우 국가의 경제정책이나 기업의 정책은 물론이고 우리 자신의 직업과 관련해서도 여러 가지 잘못된 결정을 내리게 된다.

A-2 : 인터넷이 가져온 변화는 가전제품이 초래한 변화에 비하면 전 지구적인 규모이고 동시적이라는 점에 주목해야 한다. 정보통신기술이 초래한 국경 없는 세계의 모습을 보라. 국경을 넘어 자본, 노동, 상품이 넘나들게 됨으로써 각 국가의 행정 시스템은 물론 세계 경제 시스템에도 변화가 불가피하게 되었다. 그런 점에서 정보통신기술의 영향력은 가전제품의 영향력과 비교될 수 없다.

B-2 : 최근의 기술 변화는 100년 전에 있었던 변화만큼 혁명적이라고 할 수 없다. 100년 전의 세계는 1960~1980년에 비해 통신과 운송 부분에서의 기술은 훨씬 뒤떨어졌으나 세계화는 오히려 월등히 진전된 상태였다. 사실 1960~1980년 사이에 강대국 정부가 자본, 노동, 상품이 국경을 넘어 들어오는 것을 엄격하게 규제했기에 세계화의 정도는 그리 높지 않았다. 이처럼 세계화의 정도를 결정하는 것은 정치이지 기술력이 아니다.

① 갑 : 이 논쟁의 핵심 쟁점은 정보통신기술 혁명과 가전제품을 비롯한 제조분야 혁명의 영향력 비교이다.

② 을 : A-1은 최근의 정보통신기술 혁명으로 말미암아 자본, 노동, 상품이 국경을 넘나드는 것이 보편적 현상이 되었다는 점을 근거로 삼고 있다.

③ 병 : B-1은 A-1이 제시한 근거가 다 옳다고 하더라도 A-1의 주장을 받아들일 수 없다고 주장하고 있다.

④ 정 : B-1과 A-2는 인터넷의 영향력에 대한 평가에는 의견을 달리하지만 가전제품의 영향력에 대한 평가에는 의견이 일치한다.

3 다음은 OO 금융 공사의 동향 보고서이다. 이를 평가한 것으로 글의 내용과 부합하지 않는 것은?

> 연방준비제도(이하 연준)가 고용 증대에 주안점을 둔 정책을 입안한다 해도 정책이 분배에 미치는 영향을 고려하지 않는다면, 그 정책은 거품과 불평등만 부풀릴 것이다. 기술 산업의 거품 붕괴로 인한 경기 침체에 대응하여 2000년 대 초에 연준이 시행한 저금리 정책이 이를 잘 보여준다.
>
> 특정한 상황에서는 금리 변동이 투자와 소비의 변화를 통해 경기와 고용에 영향을 줄 수 있다. 하지만 다른 수단이 훨씬 더 효과적인 상황도 많다. 가령 부동산 거품에 대한 대응책으로는 금리 인상보다 주택 담보 대출에 대한 규제가 더 합리적이다. 생산적 투자를 위축시키지 않으면서 부동산 거품을 가라앉힐 수 있기 때문이다.
>
> 경기 침체기라 하더라도 금리 인하는 은행의 비용을 줄여주는 것 말고는 경기 회복에 별다른 도움이 되지 않을 수 있다. 대부분의 부분에서 설비 가동률이 낮은 상황이라면, 2000년대 초가 바로 그런 상황이었기 때문에, 당시의 저금리 정책은 생산적인 투자 증가 대신에 주택 시장의 거품만 초래한 것이다.
>
> 금리 인하는 국공채에 투자했던 퇴직자들의 소득을 감소시켰다. 노년층에서 정부로, 정부에서 금융업으로 부의 대규모 이동이 이루어져 불평등이 심화되었다. 이에 따라 금리 인하는 다양한 경로로 소비를 위축시켰다. 은퇴 후의 소득을 확보하기 위해, 혹은 자녀의 학자금을 확보하기 위해 사람들은 저축을 늘렸다. 연준은 금리 인하가 주가 상승으로 이어질 것이므로 소비가 늘어날 것이라고 주장했다. 하지만 2000년대 초 연준의 금리 인하 이후 주가 상승에 따라 발생한 이득은 대체로 부유층에 집중되었으므로 대대적인 소비 증가로 이어지지 않았다.
>
> 2000년대 초 고용 증대를 기대하고 시행한 연준의 저금리 정책은 노동을 자본으로 대체하는 투자를 증대시켰다. 인위적인 저금리로 자본 비용이 낮아지자 이런 기회를 이용하려는 유인이 생겨났다. 노동력이 풍부한 상황인데도 노동을 절약하는 방향의 혁신이 강화되었고, 미숙련 노동자들의 실업률이 높은 상황인데도 가계들은 계산원을 해고하고 자동화 기계를 들여놓았다. 경기가 회복되더라도 실업률이 떨어지지 않는 구조가 만들어진 것이다.

① 갑 : 2000년대 초 연준의 금리 인하로 국공채에 투자한 퇴직자의 소득이 줄어들어 금융업에서 정부로 부가 이동하였다.

② 을 : 2000년대 초 연준은 고용 증대를 기대하고 금리를 인하했지만 결과적으로 고용 증대가 더 어려워지도록 만들었다.

③ 병 : 2000년대 초 기술 산업 거품의 붕괴로 인한 경기 침체기에 설비 가동률은 대부분 낮은 상태였다.

④ 정 : 2000년대 초 연준이 금리 인하 정책을 시행한 후 주택 가격과 주식 가격은 상승하였다.

4 다음의 밑줄 친 ㉠의 뜻을 적절히 설명한 것은?

전북 군산시는 군장산단 인입철도, 장항선 복선화, 새만금항 인입철도 개설로 인한 철도 여건변화에 맞춰 폐철도 및 철도 유휴부지 활용 방안을 마련하고자 분야별 전문가를 모시고 지난 22일 「신철도 건설과 폐철도 활용방안」이란 주제로 전문가 간담회를 개최했다.

이번 전문가 간담회는 철도, 트램, 군산역사, 경관, 조경, 도시계획 등 분야별 전문가 의견을 수렴하고, 코로나19로 인해 경과지역 주민 의견 등은 사전 인터뷰를 실시하고 영상자료 등을 통해 전문가, 관계부서와 다양한 의견을 갖는데 시간을 ㉠할애했다.

주요내용은 새만금과 군산을 중심으로 한 철도 환경이 급변화함에 따라 신철도↔폐철도 간 도심 발전 연계, 군산의 역사와 특색이 담긴 철도 콘텐츠 제공 등 새만금 배후 도시 존재감을 강화시키는 데 활용해야 한다는 의견을 모았다.

① 소중한 시간, 돈, 공간 따위를 아깝게 여기지 아니하고 선뜻 내어 줌

② 사물이나 일이 생겨남. 또는 그 사물이나 일이 생겨난 바

③ 충분히 잘 이용함

④ 대상을 필요에 따라 이롭게 씀

5 다음은 아래의 공모전을 준비하고 있는 담당자와 그 상사 간의 대화이다. 공고문을 바탕으로 대화 중 옳지 않은 것을 고르면?

제9회 어(語)울림 공모전 시행을 알려드립니다.

1. 공모기간 : 2020.08.03.(월) ~ 08.14.(금) 18:00
2. 주　　제 : '가을'을 주제로 감동, 희망, 행복을 주는 글
3. 시상내역 : 당선작 1작품(상금20만 원), 가작 5작품(상금 각 10만 원)
4. 응모문안 : 개인 창작 문안으로 한글 30자 이내, 띄어쓰기 불포함
5. 접수방법 : 이메일(○○○@works.co.kr)
6. 제출자료 : 응모신청서(별첨)

〈창작작품 서약사항〉

- 제출한 작품은 미발표된 순수 창작물이며 작품과 모든 제출 문서는 허위 사실이 없음
- 차후 문제가 발생할 경우 관련된 일체의 법적·도덕적 책임은 본인에게 있음
- 접수된 작품은 반환되지 않아도 이의를 제기하지 않으며 접수된 작품에 대한 저작권 등 지적 재산권 및 일체의 권리는 당사에 귀속됨

---

① 상　사 : 공고문에 참여대상이 나와 있지 않은데요?

　　담당자 : 참여대상은 국민 누구나 참여 가능하며 이 내용을 반영하여 별도의 포스터를 배포할 예정입니다.

② 상　사 : 서약사항은 어떻게 확보할 예정입니까?

　　담장자 : 응모신청서의 별지로 첨부하여 서명을 받겠습니다.

③ 상　사 : 접수기간이 2주가 안되는데 많은 사람들이 신청을 할지 의문입니다.

　　담당자 : 9회째 공모전을 시행하고 있으므로 상당 수 국민들에게 홍보가 되어 있다고 생각합니다.

④ 상　사 : 응모문안이 이해가 안 될 수 있을 것 같은데 예시를 들어주는 건 어떨까요?

　　담당자 : "가을은 코스모스의 계절, 아름다운 가을을 맞이하여 기차를 타고 떠나는 가을 여행을 만끽해 보세요!"가 좋을 것 같습니다.

6 아래의 글에서 밑줄 친 ⑤을 대체할 수 있는 말로 가장 적절한 것은?

> 20세기 미술의 특징은 무한한 다원성에 있다. 어떤 내용을 어떤 재료와 어떤 형식으로 작품화하건 미술적 창조로 인정되고, ⑤심지어 창작 행위가 가해지지 않는 것도 작품의 자격을 얻을 수 있어서, '미술'과 '미술 아닌 것'을 객관적으로 구분해 주는 기준이 존재하지 않게 된 것이다. 단토의 '미술 종말론'은 이러한 상황을 설명하기 위한 미학 이론 중 하나이다. 단어가 주는 부정적 어감과는 달리 미술의 '종말'은 결과적으로 모든 것이 미술 작품이 될 수 있게 된 개방적이고 생산적인 상황을 뜻한다.

① 게다가   ② 하물며
③ 상당히   ④ 부단히

7 다음의 글에서 문맥상 ⑤~@과 바꿔 쓰기에 가장 적절한 것은?

> 근래 들어 노동 양식에 주목한 생산학파와 소비 양식에 주목한 소비학파의 입장을 ⑤아우르려는 연구가 진행되고 있다. 일찍이 근대 도시의 복합적 특성에 주목했던 발터 벤야민은 이러한 연구의 선구자 중 한 명으로 재발견되었다. 그는 새로운 테크놀로지의 도입이 노동의 소외를 심화한다는 점은 인정하였다. 하지만 소비 행위의 의미가 자본가에게 이윤을 ⓒ가져다주는 구매 행위로 축소될 수는 없다고 생각했다. 벤야민은 근대 도시의 복합적 특성이 영화라는 예술 형식에 드러난다고 주장한다. 영화는 조각난 필름들이 일정한 속도로 흘러가면서 움직임을 만들어 낸다는 점에서 공장에서 컨베이어 벨트가 만들어 내는 기계의 리듬을 ⓒ떠올리게 한다. 영화는 보통 사람의 육안이라는 감각적 지각의 정상적 범위를 넘어선 체험을 가져다준다. 벤야민은 이러한 충격 체험을 환각, 꿈의 체험에 @빗대어 '시각적 무의식'이라고 불렀다. 이렇게 벤야민의 견해는 근대 도시에 대한 일면적인 시선을 바로잡는 데 도움을 준다.

① ⑤ : 봉합(縫合)하려는   ② ⓒ : 보증(保證)하는
③ ⓒ : 연상(聯想)하게   ④ @ : 의지(依支)하여

8 다음 글은 비정규직 보호 및 차별해소 정책에 관한 글이다. 글에서 언급된 필자의 의견에 부합하지 않는 것은 어느 것인가?

우리나라 임금근로자의 1/3이 비정규직으로(2012년 8월 기준) OECD 국가 중 비정규직 근로자 비중이 높은 편이며, 법적 의무사항인 2년 이상 근무한 비정규직 근로자의 정규직 전환율도 높지 않은 상황이다.

이에 따라, 비정규직에 대한 불합리한 차별과 고용불안을 해소를 위해 대책을 마련하였다. 특히, 상시·지속적 업무에 정규직 고용관행을 정착시키고 비정규직에 대한 불합리한 차별 해소 등 기간제 근로자 보호를 위해 2016년 4월에는 「기간제 근로자 고용안정 가이드라인」을 신규로 제정하고, 더불어 「사내하도급 근로자 고용안정 가이드라인」을 개정하여 비정규직 보호를 강화하는 한편, 실효성 확보를 위해 민간 전문가로 구성된 비정규직 서포터스 활동과 근로감독 등을 연계하여 가이드라인 현장 확산 노력을 펼친 결과, 2016년에는 194개 업체와 가이드라인 준수협약을 체결하는 성과를 이루었다.

아울러, 2016년부터 모든 사업장(12천 개소) 근로감독 시 차별항목을 필수적으로 점검하고, 비교대상 근로자가 없는 경우라도 가이드라인 내용에 따라 각종 복리후생 등에 차별이 없도록 행정지도를 펼치는 한편, 사내하도급 다수활용 사업장에 대한 감독 강화로 불법파견 근절을 통한 사내하도급 근로자 보호에 노력하였다.

또한, 기간제·파견 근로자를 정규직으로 전환 시 임금상승분의 일부를 지원하는 정규직 전환지원금 사업의 지원요건을 완화하고, 지원대상을 사내 하도급 근로자 및 특수형태업무 종사자까지 확대하여 중소기업의 정규직 전환여건을 제고하였다.

이와 함께 비정규직, 특수형태업무 종사자 등 취약계층 근로자에 대한 사회안전망을 지속 강화하여 2016년 3월부터 특수형태업무 종사자에 대한 산재보험가입 특례도 종전 6개 직종에서 9개 직종으로 확대 적용되었으며, 구직급여 수급기간을 국민연금 가입 기간으로 산입해주는 실업크레딧 지원제도가 2016년 8월부터 도입되었다. 2016년 7월에는 제1호 공동근로복지기금 법인이 탄생하기도 하였다.

① 우리나라는 법적 의무사항으로 비정규직 생활 2년이 경과하면 정규직으로 전환이 되어야 한다.

② 상시 업무에 정규직 고용관행을 정착시키면 정규직으로의 전환을 촉진할 수 있다.

③ 제정된 가이드라인의 실효성을 높이기 위한 서포터스 활동은 성공적이었다.

④ 특수형태업무 종사자들은 종전에는 산재보험 가입이 되지 못하였다.

9 다음을 읽고 추론한 내용으로 가장 적절한 것은?

고대 중국에서 '대학'은 교육 기관을 가리키는 말이었다. 이 '대학'에서 가르쳐야 할 내용을 전하고 있는 책이 「대학」이다. 유학자들은 「대학」의 '명명덕(明明德)'과 '친민(親民)'을 공자의 말로 여기지만, 그 해석에 있어서는 차이가 있다. 경문 해석의 차이는 글자와 문장의 정확성을 따지고 훈고(訓詁)가 다르기 때문이기도 하지만 해석자의 사상적 관심이 다르기 때문이기도 하다.

주희와 정약용은 '명명덕'과 '친민'에 대해 서로 다르게 해석한다. 주희는 '명덕(明德)'을 인간이 본래 지니고 있는 마음의 밝은 능력으로 해석한다. 인간이 올바른 행동을 할 수 있는 것은 명덕을 지니고 있어서인데 기질에 가려 명덕이 발휘되지 못하게 되면 잘못된 행동을 하게 된다. 따라서 도덕적 실천을 위해서는 명덕이 발휘되도록 기질을 교정하는 공부가 필요하다. '명명덕'은 바로 명덕이 발휘되도록 공부한다는 뜻이다. 반면, 정약용은 명덕을 '효(孝), 제(第), 자(慈)'의 덕목으로 해석한다. 명덕은 마음이 지닌 능력이 아니라 행위를 통해 실천해야 하는 구체적 덕목이다. 어 사람을 효자라고 부르는 것은 그가 효를 실천할 수 있는 마음의 능력을 가지고 있어서가 아니라 실제료 효를 실천했기 때문이다. '명명덕'은 구체적으로 효, 제, 자를 실천하도록 한다는 뜻이다.

유학자들은 자신이 먼저 인격자가 될 것을 강조하지만 궁극적으로는 자신뿐 아니라 백성 또한 올바른 행동을 할 수 있도록 이끌어야 한다는 생각을 원칙으로 삼는다. 주희도 자신이 명덕을 밝힌 후에는 백성들도 그들이 지닌 명덕을 밝혀 새로운 사람이 될 수 있도록 가르쳐야 한다고 본다. 백성을 가르쳐 그들을 새롭게 만드는 것이 바로 신민(新民)이다. 주희는 「대학」을 새로 편찬하면서 고본(古本)「대학」의 '친민'을 '신민'으로 고쳤다. '친(親)'보다는 '신(新)'이 백성을 새로운 사람으로 만든다는 취지를 더 잘 표현한다고 보았던 것이다. 반면, 정약용은 친민을 신민으로 고치는 것은 옳지 않다고 본다. 정약용은 '친민'을 백성들이 효, 제, 자의 덕목을 실천하도록 이끄는 것이라 해석한다. 즉 백성들로 하여금 자식이 어버이를 사랑하여 효도하고 어버이가 자식을 사랑하여 자애의 덕행을 실천하도록 이끄는 것이 친민이다. 백성들이 이전과 달리 효, 제, 자를 실천하게 되었다는 점에서 새롭다는 뜻은 아니지만 본래 글자를 고쳐서는 안 된다고 보았다.

주희와 정약용 모두 개인의 인격 완성과 인륜 공동체의 실현을 이상으로 하였다. 하지만 그 이상의 실현 방법에 있어서는 생각이 달랐다. 주희는 개인이 마음을 어떻게 수양하여 도덕적 완성에 이를 것인가에 관심을 둔 반면, 정약용은 당대의 학자들이 마음 수양에 치우쳐 개인고 사회를 위한 구체적인 덕행의 실천에는 한 걸음도 나아가지 못하는 문제를 바로잡고자 하는 데 관심이 있었다.

① '대학'은 백성을 가르치기 위해 공자가 건립한 교육 기관이다.

② 주희는 사람들이 명덕을 교정하지 못하여 잘못된 행위를 한다고 보았다.

③ 주희와 정약용의 경전 해석에서 글자의 훈고에 대해서는 언급되지 않았다.

④ 주희와 정약용 모두 도덕 실천이 공동체 차원으로 확장되어야 한다고 보았다.

10 다음 글의 밑줄 친 ㉠으로 가장 적절한 것은?

오늘날 유전 과학자들은 유전자의 발현에 관한 ㉠물음에 관심을 갖고 있다. 맥길 대학의 연구팀은 이 물음에 답하려고 연구를 수행하였다. 어미 쥐가 새끼를 핥아주는 성향에는 편차가 있다. 어떤 어미는 다른 어미보다 더 많이 핥아주었다. 많이 핥아주는 어미가 돌본 새끼들은 인색하게 핥아주는 어미가 돌본 새끼들보다 외부 스트레스에 무디게 반응했다. 게다가 많이 안 핥아주는 친어미에게서 새끼를 떼어내어 많이 핥아주는 양어미에게 두어 핥게 하면, 새끼의 스트레스 반응 정도는 양어미의 새끼 수준과 비슷해졌다.

연구팀은 어미가 누구든 많이 핥인 새끼는 그렇지 않은 새끼보다 뇌의 특정 부분, 특히 해마에서 글루코코르티코이드 수용체(Glucocorticoid Receptor, 이하 GR)들, 곧 GR들이 더 많이 생겨났다는 것을 발견했다. 이렇게 생긴 GR의 수는 성체가 되어도 크게 바뀌지 않았다. GR의 수는 GR 유전자의 발현에 달려있다. 이 쥐들의 GR 유전자는 차이는 없지만 그 발현 정도에는 차이가 있을 수 있다. 이 발현을 촉진하는 인자 중 하나가 NGF 단백질인데, 많이 핥아진 새끼는 그렇지 못한 새끼에 비해 NGF 수치가 더 높다.

스트레스 반응 정도는 코르티솔 민감성에 따라 결정되는데 GR이 많으면 코르티솔 민감성이 낮아지게 하는 되먹임 회로가 강화된다. 이 때문에 똑같은 스트레스를 받아도 많이 핥아진 새끼는 그렇지 않은 새끼보다 더 무디게 반응한다.

① 코르티솔 유전자는 어떻게 발현되는가?
② 유전자는 어떻게 발현하여 단백질을 만드는가?
③ 핥아주는 성향의 유전자는 어떻게 발현되는가?
④ 후천 요소가 유전자의 발현에 영향을 미칠 수 있는가?

11 ○○연구소에 근무하는 K는 '과학과 사회'를 주제로 열린 포럼에 참석하고 돌아와 보고서를 쓰려고 한다. K가 보고서 작성을 위해 포럼에서 논의된 대화를 분석하려고 할 때, 옳지 않은 것은?

> 甲 : 과학자는 사실의 기술에 충실해야지, 과학이 초래하는 사회적 영향과 같은 윤리적 문제에 대해서는 고민할 필요가 없습니다. 윤리적 문제는 윤리학자, 정치인, 시민의 몫입니다.
>
> 乙 : 과학과 사회 사이의 관계에 대해 생각할 때 우리는 다음 두 가지를 고려해야 합니다. 첫째, 우리가 사는 사회는 전문가 사회라는 점입니다. 과학과 관련된 윤리적 문제를 전문적으로 연구하는 윤리학자들이 있습니다. 과학이 초래하는 사회적 문제는 이들에게 맡겨두어야지 전문가도 아닌 과학자가 개입할 필요가 없습니다. 둘째, 과학이 불러올 미래의 윤리적 문제는 과학이론의 미래와 마찬가지로 확실하게 예측하기 어렵다는 점입니다. 이런 상황에서 과학자가 윤리적 문제에 집중하다 보면 신약 개발처럼 과학이 가져다 줄 수 있는 엄청난 혜택을 놓치게 될 위험이 있습니다.
>
> 丙 : 과학윤리에 대해 과학자가 전문성이 없는 것은 사실입니다. 하지만 중요한 것은 과학자들과 윤리학자들이 자주 접촉을 하고 상호이해를 높이면서, 과학의 사회적 영향에 대해 과학자, 윤리학자, 시민이 함께 고민하고 해결책을 모색해 보는 것입니다. 또한 미래에 어떤 새로운 과학이론이 등장할지 그리고 그 이론이 어떤 사회적 영향을 가져올지 미리 알기는 어렵다는 점도 중요합니다. 게다가 연구가 일단 진행된 다음에는 그 방향을 돌리기도 힘듭니다. 그렇기에 연구 초기단계에서 가능한 미래의 위험이나 부작용에 대해 자세히 고찰해 보아야 합니다.
>
> 丁 : 과학의 사회적 영향에 대한 논의 과정에 과학자들의 참여가 필요합니다. 현재의 과학연구가 계속 진행되었을 때, 그것이 인간사회나 생태계에 미칠 영향을 예측하는 것은 결코 만만한 작업이 아닙니다. 그래서 인문학, 사회과학, 자연과학 등 다양한 분야의 전문가들이 함께 소통해야 합니다. 그렇기에 과학자들이 과학과 관련된 윤리적 문제를 도외시해서는 안 된다고 봅니다.

① 甲와 乙는 과학자가 윤리적 문제에 개입하는 것에 부정적이다.
② 乙와 丙는 과학윤리가 과학자의 전문 분야가 아니라고 본다.
③ 乙와 丙는 과학이론이 앞으로 어떻게 전개될지 정확히 예측하기 어렵다고 본다.
④ 乙와 丁는 과학자의 전문성이 과학이 초래하는 사회적 문제 해결에 긍정적 기여를 할 것이라고 본다.

12 K공단의 상수도관리팀 팀장으로 근무하는 A는 새로 도입한 지표생물 관련 자료를 가지고 회의를 하였다. 다음 자료를 바탕으로 지표생물에 대해 제대로 이해하고 있는 팀원을 고르면?

식수오염의 방지를 위해서 빠른 시간 내 식수의 분변오염 여부를 밝히고 오염의 정도를 확인하기 위한 목적으로 지표생물의 개념을 도입하였다. 병원성 세균, 바이러스, 원생동물, 기생체 소낭 등과 같은 병원체를 직접 검출하는 것은 비싸고 시간이 많이 걸릴 뿐 아니라 숙달된 기술을 요구하지만, 지표생물을 이용하면 이러한 문제를 많이 해결할 수 있다.

식수가 분변으로 오염되어 있다면 분변에 있는 병원체 수와 비례하여 존재하는 비병원성 세균을 지표생물로 이용한다. 이에 대표적인 것은 대장균이다. 대장균은 그 기원이 전부 동물의 배설물에 의한 것이므로, 시료에서 대장균의 균체 수가 일정 기준보다 많이 검출되면 그 시료에는 인체에 유해할 만큼의 병원체도 존재한다고 추정할 수 있다. 그러나 온혈동물에게서 배설되는 비슷한 종류의 다른 세균들을 배제하고 대장균만을 측정하기는 어렵다. 그렇기 때문에 대장균이 속해 있는 비슷한 세균군을 모두 검사하여 분변오염 여부를 판단하고, 이 세균군을 총대장균군이라고 한다.

총대장균군에 포함된 세균이 모두 온혈동물의 분변에서 기원한 것은 아니지만, 온혈동물의 배설물을 통해서도 많은 수가 방출되고 그 수는 병원체의 수에 비례한다. 염소 소독과 같은 수질 정화과정에서도 병원체와 유사한 저항성을 가지므로 식수, 오락 및 휴양 용수의 수질 결정에 좋은 지표이다. 지표생물로 사용하는 또 다른 것은 분변성 연쇄상구균군이다. 이는 대장균을 포함하지는 않지만, 사람과 온혈동물의 장에 흔히 서식하므로 물의 분변오염 여부를 판정하는 데 이용된다. 이들은 잔류성이 높고 장 밖에서는 증식하지 않기 때문에 시료에서도 그 수가 일정하게 유지되어 좋은 상수소독 처리지표로 활용된다.

① 재인 : 온혈동물의 분변에서 기원되는 균은 모두 지표생물이 될 수 있다.
② 준표 : 수질 정화과정에서 총대장균군은 병원체보다 높은 생존율을 보인다.
③ 철수 : 채취된 시료 속의 총대장균군의 세균 수와 병원체 수는 비례하여 존재한다.
④ 승민 : 지표생물을 검출하는 것은 병원체를 직접 검출하는 것보다 숙달된 기술을 필요로 한다.

13 다음 글이 어느 전체 글의 서론에 해당하는 내용일 때, 본론에서 다루어질 내용이라고 판단하기에 적절하지 않은 것은 어느 것인가?

지난 2017년 1월 20일 제 45대 미국 대통령으로 취임한 도널드 트럼프는 미국 내 석유·천연가스 생산을 증진하고 수출을 늘려 미국의 고용과 성장을 추구하며 이를 위해 각종 규제들을 완화하거나 폐지해야 한다는 주장을 해왔다. 이어 트럼프 행정부는 취임직후부터 에너지 부문 규제를 전면 재검토하고 중단되었던 에너지 인프라 프로젝트를 추진하는 등 관련 조치들을 단행하였다. 화석에너지 자원을 중시하는 트럼프 행정부의 에너지 정책은 과거 오바마 행정부가 온실가스 감축과 신재생에너지 확산을 중시하면서 화석연료 소비는 절약 및 효율개선을 통해 줄이려했던 것과는 반대되는 모습이다.

세일혁명에 힘입어 세계 에너지 시장과 산업에서 미국의 영향력은 점점 커지고 있어 미국의 정책 변화는 미국의 에너지 산업이나 에너지수급 뿐만 아니라 세계 에너지 시장과 산업에 상당한 영향을 미칠 수 있다. 물론 미국의 행정부 교체에 따른 에너지정책 변화가 미국과 세계의 에너지 부문에 급격히 많은 변화를 야기할 것이라는 전망은 다소 과장된 것일 수 있다. 미국의 에너지정책은 상당부분 주정부의 역할이 오히려 더 중요한 역할을 하고 있기도 하고 미국의 에너지시장은 정책 요인보다는 시장논리에 따라서 움직이는 요소가 크다는 점에서 연방정부의 정책 변화의 영향은 제한적일 것이라는 분석도 일리가 있다. 또한 기후변화 대응을 위한 온실가스 감축노력과 저탄소 에너지 사용 확대 노력은 이미 세계적으로 대세를 형성하고 있어 이러한 흐름을 미국이 역행하는 것은 한계가 있다는 견해도 많다.

어쨌든 트럼프 행정부가 이미 출범했고 화석연료 중심의 에너지정책과 규제 완화 등 공약사항들을 상당히 빠르게 추진하고 이어 이에 따른 미국 및 세계 에너지 수급과 에너지시장에서의 영향을 조기에 전망하고 우리나라의 에너지수급과 관련된 사안이 있다면 이에 대한 적절한 대응을 위한 시사점을 찾아낼 필요가 있으며 트럼프 행정부 초기에 이러한 작업을 하는 것은 매우 시의적절하다 하겠다.

① 트럼프 행정부의 에너지 정책 추진 동향에 대한 분석
② 세계 에너지부문에서의 영향을 파악하여 우리나라의 대응 방안 모색
③ 미국의 화석에너지 생산 및 소비 현황과 국제적 비중 파악
④ 중국, EU 등 국제사회와의 무역 갈등에 대한 원인과 영향 분석

|14~15| 다음 내용을 읽고 물음에 답하시오.

공급업체 : 과장님, 이번 달 인쇄용지 주문량이 급격히 ㉠감소하여 이렇게 방문하였습니다. 혹시 저희 물품에 어떠한 문제가 있는 건가요?

총무과장 : 지난 10년간 ㉡납품해 주고 계신 것에 저희는 정말 만족하고 있습니다. 하지만 요즘 경기가 안 좋아서 비용절감차원에서 주문량을 줄이게 되었습니다.

공급업체 : 아, 그렇군요. 얼마 전 다른 업체에서도 ㉢견적 받으신 것을 우연히 알게 되어서요, 괜찮으시다면 어떠한 점 때문에 견적을 받아보신지 알 수 있을까요? 저희도 참고하려 하니 말씀해주시면 감사하겠습니다.

총무과장 : 아, 그러셨군요. 사실 내부 회의 결과, 인쇄용지의 지출이 너무 높다는 지적이 나왔습니다. 품질은 우수하지만 가격적인 면 때문에 그러한 ㉣결정을 하게 되었습니다.

14 다음 대화 중 밑줄 친 단어가 한자로 바르게 표기된 것을 고르면?

① ㉠ – 減小(감소)   ② ㉡ – 納稟(납품)

③ ㉢ – 見積(견적)   ④ ㉣ – 結晶(결정)

15 다음 중 거래처 관리를 위한 총무과장의 업무방식으로 가장 바람직한 것은?

① 같은 시장에 신규 유입 기업은 많으므로 가격 및 서비스 비교를 통해 적절한 업체로 자주 변경하는 것이 바람직하다.

② 사내 임원이나 지인의 추천으로 거래처를 소개받았을 경우에는 기존의 거래처에서 변경하는 것이 바람직하다.

③ 믿음과 신뢰를 바탕으로 한번 선정된 업체는 변경하지 않고 동일조건 하에 계속 거래를 유지하는 것이 바람직하다.

④ 오랫동안 거래했던 업체라 하더라도 가끔 상호관계와 서비스에 대해 교차점검을 하는 것이 바람직하다.

16 다음 안내사항을 바르게 이해한 것은?

2015년 5월 1일부터 변경되는 "건강보험 임신·출산 진료비 지원제도"를 다음과 같이 알려드립니다. 건강보험 임신·출산 진료비 지원제도란 임신 및 출산에 관련한 진료비를 지불할 수 있는 이용권 (국민행복카드)을 제공하여 출산 친화적 환경을 조성하기 위해 건강보험공단에서 지원하는 제도입니다.

- 지원금액 : 임신 1회당 50만원(다태아 임신부 70만원)
- 지원방법 : 지정요양기관에서 이용권 제시 후 결제
- 지원기간 : 이용권 수령일 ~ 분만예정일+60일

가. 시행일 : 2015.5.1.

나. 주요내용

(1) '15.5.1. 신청자부터 건강보험 임신·출산 진료비가 국민행복카드로 지원

(2) 건강보험 임신·출산 진료비 지원 신청 장소 변경

(3) 지원금 승인코드 일원화(의료기관, 한방기관 : 38코드)

(4) 관련 서식 변경

  - 변경서식 : 건강보험 임신·출산 진료비 지원 신청 및 확인서(별지 2호 서식)

  - 변경내용 : 카드구분 폐지

① 건강보험 임신·출산 진료비 지원제도는 연금공단에서 지원하는 제도이다.

② 임신지원금은 모두 동일하게 일괄 50만원이 지급된다.

③ 지원금 승인코드는 의·한방기관 모두 '38'코드로 일원화된다.

④ 지원기간은 이용권 수령일로부터 분만예정일까지이며 신청자에 한해서 기간이 연장된다.

17 다음 글에서 높임 표현이 잘못된 부분을 바르게 고른 것은?

> 어머니 : 성우야, 엄마 좀 도와줄래? (손에 든 짐을 보여 주며) 할머니 댁에 가져갈 건데 너무 무겁구나.
>
> 성우 : 잠시만요. (한 손에 짐을 들고, 다른 팔로 어머니의 팔짱을 끼면서) 사모님, 같이 가실까요?
>
> 어머니 : (웃으며) 애도 참. 어서 가자. 할머니께서 기다리실 거야.
>
> 성우 : 할머니 댁까지 모시게 되어 영광입니다.

① 밑줄 친 '댁'은 할머니와 관련된 대상을 높여 할머니를 높인 표현이다.

② 밑줄 친 '잠시만요'에서는 보조사 '요'를 붙여 대화 상대방을 높인 표현이다.

③ 밑줄 친 '가실까요?'은 주체 높임 선어말 어미 '-시-'를 사용하여 '어머니'를 높인 표현이다.

④ 밑줄 친 '모시게'는 '모시다'라는 특수 어휘를 사용하여 '할머니'를 높인 표현이다.

18 다음은 제시된 사례를 읽고 가장 큰 문제점을 바르게 설명한 것은?

> 이 팀장은 깐깐하고 꼼꼼한 업무 스타일과 결제성향으로 인하여 부하 직원들이 업무적으로 스트레스를 많이 받는 타입이다. 그러나 엄하고 꼼꼼한 상사 밑에서 일 잘하는 직원이 양산되듯, 김 팀장에게서 힘들게 일을 배운 직원들은 업무적으로 안정적인 궤도에 빨리 오른다. 꼼꼼하고 세심한 업무처리 때문에 신뢰를 가지고 있으나 지나치게 깐깐한 결제성향으로 인하여 밑에 있는 부하직원들은 스트레스가 날로 쌓여가고 있다. 하지만 이 팀장과는 의견교환이 되지 않고, 불만이 팀 외부로 새어 나가는 일도 많았으며, 그로 인해 '이 팀장 때문에 일 못하겠다.'며 사표를 던진 직원도 많았다. 회사의 입장에서 보면 유독 이 팀장 밑에 근무하면서 사표를 내는 직원들이 많아지니 이 팀장의 리더십과 의사소통능력에 대해 의문을 가지기 시작하였다. 그러던 중 올해 이 팀장 밑에서 근무하던 직원들 중 3명이 무더기로 사표를 던지고 해당 팀이 휘청거리게 되자 팀장이 교체되고 또한 직원들도 교체되어 팀이 공중분해가 되고 말았다.

① 리더의 카리스마 리더십 부재

② 부하직원들의 애사심 부재

③ 리더와 부하 간의 의사소통 부재

④ 팀원들의 업무능력의 부족

19 가전제품 회사 홍보팀에 근무하는 H는 상사로부터 다음 주에 시작하는 프로모션 관련 자료를 전달받았다. 다음의 자료를 보고 H가 이해한 내용으로 틀린 것은?

제목 : △△전자 12월 프로모션 안내

당 부서에서는 아래와 같이 12월 프로모션을 기획하였으니 업무에 참고하시기 바랍니다.

−아래−

1. 기간 : 2015년 12월 1일~12월 31일
2. 대상 : 전 구매 고객(구매예약 포함)
3. 내용 : 구매 제품별 혜택 상이

종류	혜택	비고
S-53	최대 10만 원 가격 인하	내년 시행되는 개별소비세 인하 선(先)적용해 가격 혜택 제공
Q-12	최대 20만 원 가격 인하	
A-8 (신제품)	50만 원 상당 백화점 상품권 또는 5년 소모품 무상 교체 서비스	2015년 12월 1일 출시
B-01	친환경 프리미엄 농산물 제공	◇◇농협과 업무 협업
P-0	12개월 무이자 할부 혜택	선수금 30% 납부 시

4. 기타 : 전국 매장 방문 상담 시 구매여부와 관계없이 내년도 탁상 캘린더 증정(5,000부 선착순)

별첨1. 제품별 판매 가격표 1부
별첨2. 금년도 월별 프로모션 진행사항 1부
별첨3. 신제품(A-8) 공식 이미지 파일 1부

−끝−

---

① 이번 행사는 프로모션 기간 내 구매 예약자를 포함한 전 구매 고객을 대상으로 마련되었구나.
② A-8 구매 고객에게는 50만 원 상당의 백화점 상품권 내지는 5년 소모품 무상 교체 이용권을 증정하네.
③ 전국 매장에서는 방문 고객을 대상으로 선착순 5,000부에 한해 탁상 캘린더를 증정하는 이벤트도 진행하는구나.
④ P-0의 구매 고객이 혜택을 명확하게 인지할 수 있게 잔금에 대한 12개월 무이자 할부를 제공해 준다는 것을 강조해야 할 것 같아.

20 다음 공고를 보고 잘못 이해한 것을 고르면?

신입사원 정규채용 공고

분야	인원	응시자격	연령	비고
콘텐츠 기획	5	• 해당분야 유경험자(3년 이상) • 외국어 사이트 운영 경력자 우대 • 외국어(영어/일어) 전공자	제한없음	정규직
제휴마케팅	3	• 해당분야 유경험자(5년 이상) • 웹 프로모션 경력자 우대 • 콘텐츠산업(온라인) 지식 보유자	제한없음	정규직
웹디자인	2	• 응시제한 없음 • 웹디자인 유경험자 우대	제한없음	정규직

입사지원서 및 기타 구비서류

(1) 접수방법
• 인터넷(www.seowon.co.kr)을 통해서만 접수(우편 이용 또는 방문접수 불가)
• 채용분야별 복수지원 불가

(2) 입사지원서 접수 시 유의사항
• 입사지원서는 인터넷 접수만 가능함
• 접수 마감일에는 지원자 폭주 및 서버의 네트워크 사정에 따라 접속이 불안정해 질 수 있으니 가급적 마감일 1~2일 전까지 입사지원서 작성바람
• 입사지원서를 작성하여 접수하고 수험번호가 부여된 후 재입력이나 수정은 채용 공고 종료일 18:00까지만 가능하오니, 기재내용 입력에 신중을 기하여 정확하게 입력하기 바람

(3) 구비서류 접수
• 접수방법 : 최종면접 전형 당일 시험장에서만 접수하며, 미제출자는 불합격 처리
  － 최종학력졸업증명서 1부
  － 자격증 사본 1부(해당자에 한함)

기타 사항

• 상기 모집분야에 대해 최종 전형결과 적격자가 없는 것으로 판단될 경우, 선발하지 아니 할 수 있으며, 추후 입사지원서의 기재사항이나 제출서류가 허위로 판명될 경우 합격 또는 임용을 취소함
• 최종합격자라도 신체검사에서 불합격 판정을 받거나 공사 인사규정상 채용 결격사유가 발견될 경우 임용을 취소함
• 3개월 인턴 후 평가(70점 이상)에 따라 정식 고용 여부를 결정함

문의 및 접수처

• 기타 문의사항은 (주)서원 홈페이지(www.seowon.co.kr) 참고

① 우편 및 방문접수는 불가하며 입사지원은 인터넷 접수만 가능하다.

② 지원서 수정은 마감일 이후 불가능하다.

③ 최종합격자라도 신체검사에서 불합격 판정을 받으면 임용이 취소된다.

④ 3개월 인턴과정을 거치고 나면 별도의 제약 없이 정식 고용된다.

21 다음은 스티븐씨의 한국방문일정이다. 정확하지 않은 것은?

> Tues. march. 24, 2016
> 10:30 Arrive Seoul (KE 086)
> 12:00 ~ 14:00 Luncheon with Directors at Seoul Branch
> 14:30 ~ 16:00 Meeting with Suppliers
> 16:30 ~ 18:00 Tour of Insa-dong
> 19:00 Depart for Dinner
>
> Wed. march. 25, 2016
> 8:30 Depart for New York (OZ 222)
> 11:00 Arrive New York

① 총 2대의 비행기를 이용할 것이다.

② 오후에 인사동을 관광할 것이다.

③ 서울에 도착 후 이사와 오찬을 먹을 것이다.

④ 이틀 동안 서울에 머무를 예정이다.

22 다음은 A 출판사 B 대리의 업무보고서이다. 이 업무보고서를 통해 알 수 있는 내용이 아닌 것은?

업무 내용	비고
09:10~10:00 [실내 인테리어] 관련 신간 도서 저자 미팅	※ 외주 업무 진행 보고 1. [보세사] 원고 도착 2. [월간 무비스타] 영화평론 의뢰
10:00~12:30 시장 조사(시내 주요 서점 방문)	
12:30~13:30 점심식사	
13:30~17:00 시장 조사 결과 분석 및 보고서 작성	
17:00~18:00 영업부 회의 참석	※ 중단 업무 1. [한국어교육능력] 기출문제 분석 2. [관광통역안내사] 최종 교정
※ 연장근무 1. 문화의 날 사내 행사 기획 회의	

① B 대리는 A 출판사 영업부 소속이다.

② [월간 무비스타]에 실리는 영화평론은 A 출판사 직원이 쓴 글이 아니다.

③ B 대리는 시내 주요 서점을 방문하고 보고서를 작성하였다.

④ A 출판사에서는 문화의 날에 사내 행사를 진행할 예정이다.

23 다음은 사내홍보물에 사용하기 위한 인터뷰 내용이다. ㉠~㉣에 대한 설명으로 적절하지 않은 것을 고르면?

지성준 : 안녕하세요. 저번에 인사드렸던 홍보팀 대리 지성준입니다. 바쁘신 데도 이렇게 인터뷰에 응해주셔서 감사합니다. ㉠이번 호 사내 홍보물 기사에 참고하려고 하는데 혹시 녹음을 해도 괜찮을까요?

김혜진 : 네, 그렇게 하세요.

지성준 : 그럼 ㉡우선 사랑의 도시락 배달이란 무엇이고 어떤 목적을 갖고 있는지 간단히 말씀해주시겠어요?

김혜진 : 사랑의 도시락 배달은 끼니를 챙겨 드시기 어려운 독거노인분들을 찾아가 사랑의 도시락을 전달하는 일이에요. 이 활동은 공단 이미지를 홍보하는데 기여할 뿐만 아니라 개인적으로는 마음 따뜻해지는 보람을 느끼게 된답니다.

지성준 : 그렇군요, ㉢한번 봉사를 할 때에는 하루에 몇 십 가구를 방문하신다고 들었는데요, 어떻게 그렇게 많은 가구들을 다 방문할 수가 있나요?

김혜진 : 아, 비결이 있다면 역할을 분담한다는 거예요.

지성준 : 어떻게 역할을 나누나요?

김혜진 : 도시락을 포장하는 일, 배달하는 일, 말동무 해드리는 일 등을 팀별로 분산해서 맡으니 효율적으로 운영할 수 있어요.

지성준 : ㉣(고개를 끄덕이며) 그런 방법이 있었군요. 마지막으로 이런 봉사활동에 관심 있는 사원들에게 한 마디 해주세요.

김혜진 : 주중 내내 일을 하고 주말에 또 봉사활동을 가려고 하면 몸은 굉장히 피곤합니다. 하지만 거기에서 오는 보람은 잠깐의 휴식과 비교할 수 없으니 꼭 한번 참석해보시라고 말씀드리고 싶네요.

지성준 : 네, 그렇군요. 오늘 귀중한 시간을 내어 주셔서 감사합니다.

---

① ㉠ : 기록을 위한 보조기구를 사용하기 위해서 사전에 허락을 구하고 있다.

② ㉡ : 면담의 목적을 분명히 밝히면서 동의를 구하고 있다.

③ ㉢ : 미리 알고 있던 정보를 바탕으로 질문을 하고 있다.

④ ㉣ : 적절한 비언어적 표현을 사용하며 상대방의 말에 반응하고 있다.

본부장 : 요즘 영업팀 때문에 불편을 호소하는 팀이 많습니다. 오늘 회의는 소음문제에 관한 팀 간
의 갈등 해결 방안에 대해서 논의해보려고 하는데요, 먼저 디자인팀에서 말씀해주시죠.

박팀장 : 창의적인 디자인을 만들기 위해서는 고도의 집중력이 필요합니다. 그런데 영업팀의 시끄
러운 전화소리 때문에 집중도가 떨어집니다. 이러다가 마감 내에 시안을 완성 할 수 있을
까 걱정이 되네요.

서팀장 : 저희 편집팀도 마찬가지입니다. 저희도 원고 마감에 쫓기고 있는데 다들 시끄러운 분위기
때문에 집중할 수 없다는 게 주 의견입니다.

정팀장 : 먼저, 저희 팀의 소음으로 불편을 드려서 죄송합니다. 하지만 저희의 입장도 고려해주셨
으면 합니다. 저희가 하는 일이 영업이기 때문에 아무래도 거래처와의 전화업무가 주를
이룹니다. 또한 그 와중에 업무적인 얘기만 하고 전화를 끊을 수 없으니 본의 아니게 사
적인 통화도 하게 되고요. 이러한 점을 조금이나마 이해를 해주셨으면 합니다.

본부장 : 세 팀의 고충을 들어봤는데 혹시 해결방안을 생각해 놓으신 것 있나요?

서팀장 : 팀별 자리 이동을 하는 게 어떨까요? 아무래도 영업팀이 디자인팀과 편집팀 사이에 있으
니 한 쪽으로 옮겨진다면 좀 더 소음이 줄어들 것 같아요.

박팀장 : 아니면, 전화하실 때만이라도 잠시 회의실로 이동하시는 건 어떨까 싶네요.

정팀장 : 두 팀의 의견을 들어봤는데요, 통화 시 회의실로 이동하는 건 회의실이 차 있을 수도
있고 또 자리를 빈번히 비우는 것은 보기에 안 좋으니 팀 자리를 이동하는 게 더 좋을 것
같네요.

본부장 : 그럼 일단 옮기는 것으로 결론을 내리고 자리를 어떻게 배치할 지는 다음 회의 때 논의하
도록 하죠. 그럼 회의를 마치겠습니다.

---

24 위의 회의에서 '본부장'이 수행한 역할로 옳지 않은 것은?

① 회의를 하게 된 배경과 의제에 대해 설명하고 있다.

② 회의 참여자들의 발언 순서를 안내하고 있다.

③ 각 팀의 의견에 보충설명을 해주고 있다.

④ 다음에 회의할 안건에 대해 미리 제시하고 있다.

25 위의 회의에 대한 분석으로 적절하지 않은 것은?

문제확인	• 디자인팀장은 디자인 업무의 특성을 고려하며 문제제기를 했다.…㉠ • 영업팀장은 영업팀의 업무적 성격을 고려해서 문제제기를 했다.
해결방안 모색	• 편집팀장은 팀별 자리배치 이동을 해결방안으로 제시하였다.…㉡ • 디자인팀장은 회의실 통화를 해결방안으로 제시하였다.…㉢ • 영업팀장은 현실적인 이유를 들어 편집팀장의 제안을 거절하였다.…㉣

① ㉠

② ㉡

③ ㉢

④ ㉣

┃26~27 ┃ 다음 대화를 읽고 물음에 답하시오.

상담원 : 네, (주)애플망고 소비자센터입니다.

고객 : 제가 최근에 인터넷으로 핸드폰을 구입했는데요, 제품에 문제가 있는 것 같아서요.

상담원 : 아, 어떤 문제가 있으신지 여쭤어 봐도 될까요?

고객 : 제가 물건을 받고 핸드폰을 사용했는데 통화음질도 안 좋을 뿐더러 통화 연결이 잘 안 되더라고요. 그래서 통신 문제인 줄 알고 통신사 고객센터에 연락해보니 테스트해보더니 통신의 문제는 아니라고 해서요, 제가 보기엔 핸드폰 기종 자체가 통화 음질이 떨어지는 거 같거든요? 그래서 구매한지 5일 정도 지났지만 반품하고 싶은데 가능할까요?

상담원 : 네, 고객님. 「전자상거래 등 소비자보호에 관한 법」에 의거해서 물건 수령 후 7일 이내에 청약철회가 가능합니다. 저희 쪽에 물건을 보내주시면 곧바로 환불처리 해 드리겠습니다.

고객 : 아, 감사합니다.

상담원 : 행복한 하루 되세요. 상담원 ○○○였습니다.

26 위 대화의 의사소통 유형으로 적절한 것은?

① 대화하는 사람들의 친교와 관계유지를 위한 의사소통이다.

② 화자가 청자의 긍정적 반응을 유도하는 의사소통이다.

③ 일대일 형식의 공식적 의사소통이다.

④ 정보전달적 성격의 비공식적 의사소통이다.

27 위 대화에서 상담원의 말하기 방식으로 적절한 것은?

① 상대방이 알고자 하는 정보를 정확히 제공한다.

② 타협을 통해 문제 해결방안을 찾고자 한다.

③ 주로 비언어적 표현을 활용하여 설명하고 있다.

④ 상대방을 배려하기보다 자신의 의견을 전달하는데 중점을 두고 있다.

28 다음 말하기의 문제점을 해결하기 위한 의사소통 전략으로 적절한 것은?

> • (부장님이 팀장님께) "어이, 김팀장 이번에 성과 오르면 내가 술 사줄게."
> • (팀장님이 거래처 과장에게) "그럼 그렇게 일정을 맞혀보도록 하죠."
> • (뉴스에서 아나운서가) "이번 부동산 정책은 이전과 비교해서 많이 틀려졌습니다."

① 청자의 배경지식을 고려해서 표현을 달리한다.

② 문화적 차이에서 비롯되는 갈등에 효과적으로 대처한다.

③ 상대방의 공감을 이끌어 낼 수 있는 전략을 효과적으로 활용한다.

④ 상황이나 어법에 맞는 적절한 언어표현을 사용한다.

29 〈보기 1〉을 보고 '전력 수급 위기 극복'을 주제로 보고서를 쓰기 위해 〈보기 2〉와 같이 개요를 작성하였다. 개요를 수정한 내용으로 적절하지 않은 것은?

〈보기 1〉

대한민국은 전기 부족 국가로 블랙아웃(Black Out)이 상존한다. 2000년대 들어 두 차례 에너지 세제 개편을 실시한 후 난방유 가격이 오르면서 저렴한 전기로 난방을 하는 가구가 늘어 2010년 대 들어서는 겨울철 전기 수요가 여름철을 넘어섰으며 실제 2011년 9월 한국전력은 전기 부족으로 서울 일부 지역을 포함한 지방 중소도시에 순환 정전을 실시했다.

〈보기 2〉

Ⅰ. 블랙아웃 사태 ……………………………………………………… ㉠
Ⅱ. 전력 수급 위기의 원인
  1. 공급측면
   가. 전력의 비효율적 관리
   나. 한국전력의 혁신도시 이전 …………………………………… ㉡
  2. 수요측면
   가. 블랙아웃의 위험성 인식부족
   나. 전력의 효율적 관리구축 ……………………………………… ㉢
Ⅲ. 전력 수급 위기의 극복방안
  1. 공급측면
   가. 전력 과소비문화 확대
   나. 발전 시설의 정비 및 확충
  2. 수요측면
   가. 에너지 사용량 강제 감축 할당량 부과
   나. 송전선로 지중화 사업에 대해 홍보 활동 강화 ………………… ㉣
Ⅳ. 전력 수급 안정화를 위한 각계각층의 노력 촉구

---

① ㉠은 〈보기 1〉을 근거로 '블랙아웃의 급증'으로 구체화한다.
② ㉡은 주제와 관련 없는 내용이므로 삭제한다.
③ ㉢은 상위 항목과의 관계를 고려하여 'Ⅲ-1-가'와 위치를 바꾼다.
④ ㉣은 글의 일관성을 고려하여 '혁신도시 이전에 따른 홍보 강화'로 내용을 수정한다.

| 30~31 | 다음 글을 읽고 물음에 답하시오.

(가) 안녕하세요? 사내 홈페이지 운영의 총책임을 담당하고 있는 전산팀 김수현 팀장입니다. 다름이 아니라 사내 홈페이지의 익명게시판 사용 실태에 대한 말씀을 드리기 위해 이렇게 공지를 올리게 되었습니다.

요즘 ㉠<u>익명게시판의 일부 분들의 행동</u>으로 얼굴이 찌푸리는 일들이 많아지고 있습니다. 타부서 비판 및 인신공격은 물론이고 차마 입에 담기 어려운 욕설까지 하고 있습니다. 사내의 활발한 의견 교류 및 정보교환을 위해 만들어진 익명게시판이지만 이렇게 물의를 일으키는 공간이 된다면 더 이상 게시판의 순 목적을 달성할 수 없을 것이라 생각합니다. 그렇기 때문에 전산팀은 ㉡<u>내일부터 익명게시판을 폐쇄하겠습니다.</u> 애석한 일입니다만, 회사 내에서 서로 생채기를 내는 일이 더 이상 없어야 하기에 이와 같이 결정했습니다.

(나) 팀장님, 게시판을 폐쇄하시겠다는 공문은 잘 보았습니다. 물론 익명게시판의 활성화로 많은 문제가 양상된 것은 사실이지만 그 결정은 너무 성급한 것 같습니다. 한 번이라도 주의나 경고의 글을 올려 주실 수는 없었나요? 그랬으면 지금보다는 상황이 나아질 수도 있었을 텐데요.

팀장님! 이번 결정이 누구의 뜻에 의한 것인가요? 게시판의 관리는 전산팀에서 맡지만, 그 공간은 우리 회사 사원 모두의 공간이 아닌가요? 저는 홈페이지 폐쇄라는 문제가 전산팀 내에서 쉽게 정할 일이 아니라고 봅니다. 그 공간은 사내의 중요한 정보를 나누는 곳이고 친교를 행사하는 곳입니다. 즉 게시판의 주체는 '우리'라는 것입니다. 그렇기 때문에 이렇게 독단적인 결정은 받아드릴 수 없습니다. 다시 한 번 재고해주시길 바라겠습니다.

---

30 ㉠의 행동과 맥락이 통하는 속담을 고르면?

① 가는 말이 고와야 오는 말이 곱다.　② 미꾸라지 한 마리가 강물을 흐린다.
③ 콩 심은 데 콩 나고 팥 심은 데 팥 난다.　④ 바늘도둑이 소도둑 된다.

31 ㉡에 대한 반발의 근거로 (나)가 제시한 논거가 아닌 것은?

① 악플러에게도 한 번의 용서의 기회를 주어야 한다.
② 게시판은 회사 사원 모두의 공간이다.
③ 전산팀의 독단적인 결정은 지양되어야 한다.
④ 주의나 경고 없이 폐쇄라는 결정을 한 것은 성급한 결정이다.

32 다음 업무일지를 바르게 이해하지 못한 것은?

[2016년 5월 4일 업무보고서]

편집팀 팀장 박서준

시간	내용	비고
09:00~10:00	편집팀 회의	– 일주일 후 나올 신간 논의
10:00~12:00	통상업무	
12:00~13:00	점심식사	
13:00~14:30	릴레이 회의	– 편집팀 인원충원에 관해 인사팀 김서현 대리에게 보고 – 디자인팀에 신간 표지디자인 샘플 부탁
14:30~16:00	협력업체 사장과 미팅	– 내일 오전까지 인쇄물 400부 도착
16:00~18:00	서점 방문	– 지난 시즌 발간한 서적 동향 파악

① 5월 11일 신간이 나올 예정이다.

② 편집팀은 현재 인력이 부족한 상황이다.

③ 저번 달에도 신간을 발간했다.

④ 내일 오전 인쇄물 400부가 배송될 예정이다.

▮33~34▮ 다음 도표를 보고 물음에 답하시오.

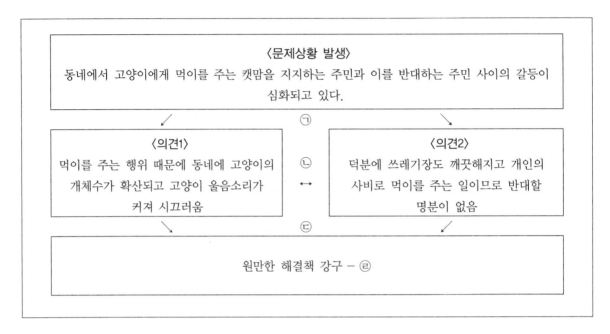

33 위의 표에 대한 설명으로 적절하지 않은 것은?

① ㉠과 같은 과정이 발생하는 것은 문제에 대한 해결방안이 각자의 입장에 따라 다르기 때문이다.

② ㉠이 의견을 확산하는 과정이라면, ㉢은 의견을 수렴하는 과정이다.

③ ㉢의 과정에서 가장 필요한 덕목은 상대방의 의견에 대한 경청과 배려, 양보의 마음이다.

④ ㉠과 ㉡의 과정을 거치지 않고 곧바로 ㉢을 이끌어내는 것이 가장 바람직한 협의의 과정이다.

34 ㉢의 내용을 선정하기 위한 협의의 자세로 적절하지 않은 것은?

① 덕선 : 주민들의 피해도 있지만 동물도 생명이라는 점에서 보호해야겠지.

② 선우 : 우리 진주도 무서워하는 걸? 주민의 희생을 무조건 강요하는 건 옳지 않아.

③ 보라 : 민주주의 사회는 무조건적으로 다수결이 옳으니까 한 명이라도 많은 쪽의 의견으로 결정하는 게 나아.

④ 정환 : 동네 바깥쪽에 먹이 주는 장소를 따로 마련하는 것도 하나의 방법일 것 같아.

35 다음은 어느 회사의 홈페이지에 올라와 있는 기업 소개 글이다. 이에 대한 설명으로 틀린 것은?

○○○은 국내 제일의 온라인 전문 교육기관으로 수험생 여러분께 양질의 교육 콘텐츠를 제공하기 위하여 끊임없는 노력을 기울입니다. 21세기가 요구하는 변화의 물결 속에서 새로운 교육문화를 창조하고 합격의 원동력이 되기 위하여, ○○○은 수험생 여러분의 '만족'을 지고(至高)의 가치로 삼았습니다. 처음에 품은 신념과 열정이 합격의 그 날까지 빛바래지 않도록, ○○○이 수험생 여러분과 함께 하겠습니다. 수험생 여러분의 무한한 가능성을 ○○○에서 열어드리겠습니다.

〈핵심가치〉

'신념'을 가지고 '도전'하는 '사람'은 반드시 그 '꿈'을 이룰 수 있습니다.
○○○에서 수험생 여러분의 꿈을 응원합니다.

신념	신념은 모든 일에 '주추'라고 할 수 있습니다. ○○○의 신념은 수험생 여러분이 만족할 수 있는 양질의 교육 서비스 제공을 위해 최선을 다하는 것입니다. 최고의 강사진과 최첨단 이러닝(e-learning) 시스템, 오랜 노하우가 담긴 차별화된 교재 등은 ○○○의 신념을 뒷받침하는 비기(祕技)입니다.
도전	영국의 정치가 윈스턴 처칠은 "성공은 절대 끝이 아니고, 실패는 절대 치명적이지 않다. 중요한 것은 용기이다."라고 말했습니다. 도전은 성공으로 가는 유일한 길이며, 용기 있는 사람만이 할 수 있는 일입니다. ○○○이 수험생 여러분의 용기 있는 도전을 성공으로 연결해 드립니다.
사람	사람은 모든 일에 기본입니다. 매체를 사이에 두고 이루어지는 온라인 강의의 경우, 자칫 면대면으로 이루어지는 수업에 비해 충분한 의사소통이 이루어지지 않을 우려가 있습니다. ○○○에서는 1:1 서비스와 빠른 피드백(feedback)으로 개개인을 위한 맞춤형 교육을 실현합니다.
꿈	누구든 한 번쯤은 자신의 꿈을 위하여 밤잠을 설치던 순간이 있을 것입니다. ○○○은 수험생 여러분이 꿈을 이루기 위하여 쏟은 시간과 노력을 헛된 일로 만들지 않습니다. 쉽지 않기에 더욱 가치 있는 그 길을 수험생 여러분과 함께 걷겠습니다.

① 이 회사에서는 면대면 교육 서비스를 제공한다.
② 한자, 영어 등을 동시에 표기하여 문맥의 이해를 돕는다.
③ 유명인사의 말을 인용하여 전달하고자 하는 내용을 효과적으로 표현하고 있다.
④ 이 회사는 자체 개발 교재를 사용한다.

36 다음 중 유아인 대리가 회의 전 후 취해야 할 행동 중 가장 우선순위가 낮은 것은?

홍보팀 유아인 대리는 국내 방송사 기자와의 인터뷰 일정을 최종 점검 중이다. 다음은 기자와의 통화내용이다.

유대리 : 김강우 기자님 안녕하세요. 저는 ○○공사 홍보팀 대리 유아인입니다. 인터뷰일정 확인차 연락드립니다. 지금 통화가능하세요?

김기자 : 네, 말씀하세요.

유대리 : 인터뷰 예정일이 7월 10일 오후 2시인데 변동사항이 있나 확인하고자 합니다.

김기자 : 네, 예정된 일정대로 진행 가능합니다. 인터뷰는 ○○공사 회의실에서 하기로 했죠?

유대리 : 맞습니다. 인터뷰 준비와 관련해서 저희 측에서 더 준비해야 하는 사항이 있나요?

김기자 : 카메라 기자와 함께 가니 회의실 공간이 좀 넓어야 하겠고, 회의실 배경이 좀 깔끔해야 할 텐데 준비가 가능할까요?

① 총무팀에 연락해서 회의실 주변 정리 및 회의실 예약을 미리 해 놓는다.

② 인터뷰 내용을 미리 받아보아 정확한 답변을 할 수 있도록 자료를 준비한다.

③ 인터뷰 당일 늦어질 수 있는 점심식사 약속은 되도록 잡지 않도록 한다.

④ 기자에게 인터뷰 방영일자를 확인하여 인터뷰 영상내용을 자료로 보관하도록 한다.

37 다음은 총무팀의 업무분장표이다. 이를 보고 업무내용을 바르게 이해한 것을 고르면?

구분	담당	업무내용	비고
주요 업무	팀장	– 팀원들의 전반적인 관리 및 연간 계획 설정 – 업무분장, 감독, 근무평정 등 업무관리 – 타부서 및 거래처와의 관계유지 및 위원회의 참석	
	과장	– 보고서 작성 및 근무일지 취합 보고 – 비품 및 시설의 전반적인 관리	
기타 업무	사원	– 주간보고서, 일일보고서 작성 – 사무실 정리 및 관리 – 종이, 시트지, 코팅지, 복사지 등 지류정리 및 관리	
	사원	– 주간보고서, 일일보고서 작성 – 차량 및 행사지원	

① 비품 및 시설의 전반적 관리는 기타업무에 해당한다.

② 업무분장에 관한 사안은 과장의 주요업무 중 하나이다.

③ 팀 연간 계획의 설정은 과장에게 위임 가능하다.

④ 사원들은 일일보고서 및 주간보고서를 작성해야 한다.

38 다음은 한국경영학회에서 주관하는 세미나 일정 및 기타사항이다. 다음 중 세미나 및 시상식 일정의 내용으로 잘못된 것은?

2015년 CSV 세미나 및 CSV 대상 시상식

1. 개요
- 주제 : CSV와 전략경영모델
- 일시 : 2016년 4월 20일(목) 16:00~21:00
- 장소 : 광화문 프레스센터 18F 외신기자클럽
- 주관 : 한국경영학회

2. 프로그램

구분	시간	내용	비고
등록	16:00~16:20	등록	
개회식	16:30~17:00	인사말 - 조승우 한국경영학회 회장	
세션 1	17:00~18:30	[발제] 1. CSV 미래기업의 필수전략 - 공지철 서울대 교수 2. CSV의 실무적 활용방안 - 이정진 부장(기안자동차 CSV 경영팀)	사회 : 이진욱 (연세대 교수)
휴식	18:30~19:00	휴식	
세션 2	19:00~20:00	[CSV 시상식] - 산업통상자원부 장관상 - 한국경영학회 회장상	사회 : 최시원 (고려대 교수)
만찬	20:00~21:00	만찬	

① 인사말은 한국경영학회 회장이 담당한다.
② 세션 1, 2의 사회는 각각 다른 사회자가 맡아서 한다.
③ 시상식은 두 부문에서 이루어진다.
④ 조승우 한국경영학회 회장은 한차례 강단에 나온다.

39 다음 〈보기〉는 임주환 대리에게 온 상사로부터의 SNS이다. 아래와 같은 지시사항을 받은 후 임대리가 수행해야 할 업무의 우선순위를 나열한 것으로 가장 적절한 것은?

〈보기〉

11월 14일 (월) 오전 11시

오늘 오후 급하게 비행기로 울산에 다녀와야겠어요. 재무팀 김상무님하고 장팀장님이 같이 갈 거니까 3시 이후 일정으로 알아보고, 예약되면 연락주세요. 그리고 내일 오전에 회의하고 돌아올 예정이니, 숙소도 같이 예약해주세요.

11월 14일(월) 오전 12시

아참, 내일 있을 회의 자료는 20부 정도 필요하니까 준비해주세요. 그리고 내일 오전에 만나기로 한 거래처 정사장님께는 전화해서 약속을 변경하도록 해주세요.

㉠ 항공편 예약

㉡ 숙박시설 예약

㉢ 거래처 정사장에게 전화

㉣ 회의자료 정리 후 울산지사로 e-mail 전송

㉤ 울산지사에 전화하여 회의실 신청

① ㉠㉡㉢㉣㉤   ② ㉤㉠㉡㉢㉣

③ ㉠㉡㉤㉢㉣   ④ ㉢㉠㉡㉣㉤

40 다음은 사내게시판에 올라온 상담내용이다. 응답한 내용 중 적절하지 않은 것을 고르면?

① Q : 제가 말을 직설적으로 해서 그런지 몰라도 팀원들과의 갈등이 잦은 편이에요.

   A : 대인관계를 원만히 쌓아가기 위해서는 서로 이해하고 배려하는 마음이 전제되어야 해요. 원만한 의사소통을 위해서 서로의 입장에서 생각해보고 조금 말을 둥글게 하는 게 어떨까요?

② Q : 이번 프로젝트의 발표를 맡게 되었습니다. 앞에 나서서 말을 잘 못하는 편이라 걱정이 됩니다.

   A : 자신의 일을 묵묵히 잘 하는 것도 중요하지만 그것을 남들 앞에서 얼마나 잘 표현하느냐도 사회인이 갖춰야 할 필요역량입니다. 적극적으로 의견을 펼쳐 보여주는 것이 중요합니다.

③ Q : 팀원들이 회의 시에 방관하고 소극적인 자세로 임해서 걱정입니다.

   A : 집단 의사소통의 상황에서는 목적을 분명하게 제시해주고 적극적인 방법으로 이끌어주려는 노력이 필요해요. 필요하다면 자극적인 경쟁의 방법을 통해서라도 확실히 회의에 임할 수 있게 하는 것이 필요합니다.

④ Q : 제가 사람들과 잘 대화를 나누지 못해요.

   A : 주변사람들과 대화할 때 상대의 관련 정보를 종합적으로 고려하여 상대방의 처지를 이해하면서 상호작용하려는 노력이 필요합니다.

41 고객과의 접촉이 잦은 민원실에서 업무를 시작하게 된 신입사원 길동이는 선배사원으로부터 불만이 심한 고객을 응대하는 방법을 배우고 있다. 다음 중 선배사원이 길동이에게 알려 준 응대법으로 적절하지 않은 것은 어느 것인가?

① "불만이 심한 고객을 맞은 경우엔 응대자를 바꾸어 보는 것도 좋은 방법입니다."

② "나보다 더 책임 있는 윗사람이 고객을 응대한다면 좀 더 효과적인 대응이 될 수도 있습니다."

③ "불만이 심한 고객은 대부분 큰 소리를 내게 될 테니, 오히려 좀 시끄러운 곳에서 응대하는 것이 덜 민망한 방법일 수도 있습니다."

④ "일단 별실로 모셔서 커피나 차를 한 잔 권해 보는 것도 좋은 방법입니다."

42 다음에 제시된 문장 ㈎~㈒의 빈칸 어디에도 사용될 수 없는 단어는 어느 것인가?

㈎ 우리나라의 사회보장 체계는 사회적 위험을 보험의 방식으로 (   )함으로써 국민의 건강과 소득을 보장하는 사회보험이다.

㈏ 노인장기요양보험은 고령이나 노인성질병 등으로 인하여 6개월 이상 동안 혼자서 일상생활을 (   )하기 어려운 노인 등에게 신체활동 또는 가사지원 등의 장기요양급여를 사회적 연대원리에 의해 제공하는 사회보험 제도이다.

㈐ 사회보험 통합징수란 2011년 1월부터 국민건강보험공단, 국민연금공단, 근로복지공단에서 각각 (   )하였던 건강보험, 국민연금, 고용보험, 산재보험의 업무 중 유사·중복성이 높은 보험료 징수업무(고지, 수납, 체납)를 국민건강보험공단이 통합하여 운영하는 제도이다.

㈑ 보장구 제조·판매업자가 장애인으로부터 서류일체를 위임받아 청구를 (   )하였을 경우 지급이 가능한가요?

㈒ 우리나라 장기요양제도의 발전방안을 모색하고 급속한 고령화에 능동적으로 (   )할 수 있는 능력을 배양하며, 장기요양분야 전문가들로 구성된 인적네트워크 형성 지원을 목적으로 한 사례발표와 토론형식의 참여형 역량강화 프로그램이다.

① 완수   ② 대행
③ 수행   ④ 대처

43 다음 글을 읽고 잘못된 부분을 바르게 설명한 것은?

> 기획사 편집부에 근무하는 박 대리는 중요 출판사로부터 출간기획서를 요청받았다. 그 출판사 대표는 박 대리가 근무하는 회사와 오랫동안 좋은 관계를 유지하며 큰 수익을 담당하던 사람이었다. 박 대리는 심혈을 기울인 끝에 출간기획서를 완성하였고 개인적인 안부와 함께 제안서 초안을 이메일로 송부하였다.
>
> 한편 그 대표의 비서는 여러 군데 기획사에 맡긴 출간기획서를 모두 취합하여 간부회의에 돌려볼 수 있도록 모두 출력하였다. 그러나 박 대리가 보낸 이메일 내용이 간부회의 때 큰 파장을 일으켰다. 이메일에는 이전 저녁 접대자리가 만족스러웠는지를 묻고 다음에는 더 좋은 곳으로 모시겠다는 지극히 개인적인 내용이 들어 있었던 것이었다.
>
> 며칠 후 박 대리는 그 대표로부터 제안서 탈락과 동시에 거래처 취소 통보를 받았다. 박 대리는 밀접한 인간관계를 믿고 이메일을 보냈다가 공과 사를 구분하지 못한다는 대표의 불만과 함께 거래처고 개인적인 만남이고 모든 관계가 끝이 나 버리게 되었다.

① 이메일을 송부했다는 연락을 하지 못한 것이 실수이다.
② 출간기획서 초안을 보낸 것이 실수이다.
③ 공과 사를 엄격하게 구분하지 못한 것이 실수이다.
④ 대표의 요구사항을 반영하지 못한 기획서를 보낸 것이 실수이다.

44 중의적 표현에 대한 다음 설명을 참고할 때, 구조적 중의성의 사례가 아닌 것은 어느 것인가?

중의적 표현(중의성)이란 하나의 표현이 두 가지 이상의 의미로 해석되는 표현을 일컫는다. 그 특징은 해학이나 풍자 등에 활용되며, 의미의 다양성으로 문학 작품의 예술성을 높이는데 기여한다. 하지만, 의미 해석의 혼동으로 인해 원활한 의사소통에 방해를 줄 수도 있다.

이러한 중의성은 어휘적 중의성과 구조적 중의성으로 크게 구분할 수 있다. 어휘적 중의성은 다시 세 가지 부류로 나뉘는데 첫째, 다의어에 의한 중의성이다. 다의어는 의미를 복합적으로 가지고 있는데, 기본의미를 가지고 있는 동시에 파생적 의미도 가지고 있어서 그 어휘의 기본적 의미가 내포되어 있는 상태에서 다른 의미로도 쓸 수 있다. 둘째, 어휘적 중의성으로 동음어에 의한 중의적 표현이 있다. 동음어에 의한 중의적 표현은 순수한 동음어에 의한 중의적 표현과 연음으로 인한 동음이의어 현상이 있다. 셋째, 동사의 상적 속성에 의한 중의성이 있다.

구조적 중의성은 문장의 구조 특성으로 인해 중의성이 일어나는 것을 말하는데, 이러한 중의성은 수식 관계, 주어의 범위, 서술어와 호응하는 논항의 범위, 수량사의 지배범위, 부정문의 지배범주 등에 의해 일어난다.

① 나이 많은 길동이와 을순이는 결혼을 하게 되었다.
② 그 녀석은 나보다 아버지를 더 좋아한다.
③ 영희는 친구들을 기다리며 장갑을 끼고 있었다.
④ 그녀가 보고 싶은 친구들이 참 많다.

45 다음 글의 논지 전개 방식과 관련한 서술상의 특징으로 적절하지 않은 것은 어느 것인가?

생명은 탄생과 죽음으로 하나의 단위를 형성한다. 우리의 관심은 '잘 사는 것'과 '잘 죽는 것'으로 표현할 수 있다. 죽음은 인간의 총체를 형성하는 결정적인 요소이다. 이러한 요소 때문에 탄생보다는 죽음에 대한 철학적이고 문화적인 이해가 훨씬 더 많이 발달할 수밖에 없었다. 게다가 죽음이란 한 존재의 사멸, 부정의 의미이므로 여러 가지 인격을 갖고 살아가고 있는 현대인의 어떤 정체성을 부정하거나 사멸시키는 하나의 행위로서 은유적으로 사용되기도 한다. 이것은 죽음이 철학적 사변의 대상이 될 뿐만 아니라 어느 시대나 그 시대를 살아가는 문화적 관습의 근거가 되기도 하며 더 나아가 예술의 핵심을 형성하고 있다는 말이 된다. 그러한 물음을 모아보면 다음과 같은 것들을 꼽을 수 있다. 모든 인간 하나하나는 자신이 죽는다는 사실을 확실하게 아는가? 인간은 모든 인간은 죽는다는 사실을 확실하게 아는가? 죽는다는 사실은 나쁜 것인가?

많은 심리학자들은 죽음에 대한 이해는 인간이 타고나면서 저절로 알게 되는 것은 아니라고 한다. 그보다는 죽음이란 이 세상을 살아가면서 배워서 아는 것이라고 한다. 말하자면 어린이들은 죽음에 대한 개념이 없다가 점차 주변의 죽음을 이해하고 죽음에 대한 가르침을 통해서 죽음이란 무엇인가를 배운다는 것이다. 또 지금까지 많은 사람들이 죽었다고 해서 모든 사람들이 다 죽는다고 결론을 내릴 수 없다는 것은 상식이다. 죽음을 이겨낸 사람이 있다는 믿음을 가진 사람들이 있고 죽음이 필연적이라는 데 대해서 확고한 증거를 제시할 수도 없다.

생명의 출발로부터 시작해서 죽음에 이르는 긴 시간의 과정이 바로 삶의 전체이다. 하지만 생명의 출발에 대한 이해도 여러 가지의 국면으로 나누어 이해할 수 있다. 나 자신의 물질적인 근거, 생물학적인 존재로서 나의 출발이다. 수정되어 태아 상태를 거쳐 하나의 성체가 되기까지의 나의 존재의 기원을 물질주의적으로 생물학적으로 묻는다.

또 하나는 철학적, 목적적으로 묻는 일이다. 즉 나는 이 세상에 왜 태어났는가 하는 것이다. 나의 이 세상에서 살아야 하는 목적을 묻게 되면 필연적으로 그것은 철학적, 윤리적, 가치론적 입장이 되지 않을 수가 없다. 인간 종의 기원에 대한 물음도 물질주의적 생물학적인 근거를 추적하는 일과 존재론적인, 목적론적인 원인을 추적하는 일로 나누어 생각해볼 수 있다. 그래서 인간의 기원을 외부로부터 들어온 유기물이 원시 지구의 환경 속에서 성장한 것이라고 생각할 수도 있겠지만, 두루미나 호박벌이 가져온 골칫거리라고 생각할 수도 있다. 어느 것이 더 믿을만하냐 라고 묻더라도 어떤 종류의 믿음을 말하느냐에 따라 달라진다.

이처럼 인간이라는 한 존재의 기원과 소멸까지는 단순히 하나의 분과 학문으로서만 이해할 수 있는 성질의 것은 아니다. 여러 학문, 특히 과학 기술적 접근과 인문주의적 접근이 동시에 이루어짐으로써 그것에 대하여 보다 풍성한 이해를 유도할 수 있다.

① 핵심 단어에 대한 정의를 찾아가며 논점을 전개하고 있다.

② 드러난 상식으로부터 새로운 가치를 도출하려는 시도를 하려고 한다.

③ 특정 현상을 다양한 각도에서 조명해 보고자 한다.

④ 일반적인 통념에 대한 심도 있는 고찰 방법을 제시하고 있다.

46 다음 대화 중 비즈니스 현장에서의 바람직한 의사소통 자세를 보여주지 못하는 것은 어느 것인가?

① "내가 말을 어떻게 하느냐 하는 것도 중요하겠지만, 상대방의 말을 얼마나 잘 경청하느냐 하는 것이 올바른 의사소통을 위해 매우 중요하다고 봅니다."

② "서로를 잘 알고 호흡도 척척 맞는 사이에서는 말하지 않아도 미리 알아서 행동하고 생각하는 자세가 필요해요."

③ "나의 표현방법도 중요하지만, 상대방이 어떻게 받아들이게 될 지에 대한 고려가 바탕이 되는 대화여야 하는 거죠."

④ "충분하고 우호적인 대화가 되었어도 사후에 확인하는 과정과 적절한 피드백이 있어야 완전한 의사소통이 되었다고 볼 수 있어요."

47 다음 보도자료 작성 요령을 참고할 때, 적절한 보도자료 문구를 〈보기〉에서 모두 고른 것은 어느 것인가?

1. 인명과 호칭
〈우리나라 사람의 경우〉
  - 우리나라 사람의 인명은 한글만 쓴다. 동명이인 등 부득이한 경우에만 괄호 안에 한자를 써준다.
  - 직함은 소속기관과 함께 이름 뒤에 붙여 쓴다.
  - 두 명 이상의 이름을 나열할 경우에는 맨 마지막 이름 뒤에 호칭을 붙인다.
〈외국인의 경우〉
  - 중국 및 일본사람의 이름은 현지음을 한글로 외래어 표기법에 맞게 쓰고 괄호 안에 한자를 쓴다. 한자가 확인이 안 될 경우에는 현지음만 쓴다.
  - 기타 외국인의 이름은 현지발음을 외래어 표기법에 맞게 한글로 적고 성과 이름 사이를 띄어 쓴다.

2. 지명
  - 장소를 나타내는 국내 지명은 광역시·도→시·군·구→동·읍·면·리 순으로 표기한다.
  - 시·도명은 줄여서 쓴다.
  - 자치단체명은 '서울시', '대구시', '경기도', '전남도' 등으로 적는다.
  - 중국과 일본 지명은 현지음을 한글로 외래어 표기법에 맞게 쓰고 괄호 안에 한자를 쓴다.(확인이 안 될 경우엔 현지음과 한자 중 택일)
  - 외국 지명의 번역명이 통용되는 경우 관용에 따른다.

3. 기관·단체명
  - 기관이나 단체 이름은 처음 나올 때는 정식 명칭을 적고 약칭이 있으면 괄호 안에 넣어주되 행정부처 등 관행화된 것은 넣지 않는다. 두 번째 표기부터는 약칭을 적는다.
  - 기관이나 단체명에 대표 이름을 써야할 필요가 있을 때는 괄호 안에 표기한다.
  - 외국의 행정부처는 '부', 부처의 장은 '장관'으로 표기한다. 단 한자권 지역은 그 나라에서 쓰는 정식명칭을 따른다.
  - 국제기구나 외국 단체의 경우 처음에는 한글 명칭과 괄호 안에 영문 약어 표기를 쓴 다음 두 번째부터는 영문 약어만 표기한다.
  - 언론기관 명칭은 AP, UPI, CNN 등 잘 알려진 경우는 영문을 그대로 사용하되 잘 알려지지 않은 기관은 그 앞에 설명을 붙여 준다.
  - 약어 영문 이니셜이 우리말로 굳어진 것은 우리말 발음대로 표기한다.

<보기>

㈎ '최한국 사장, 조대한 사장, 강민국 사장을 등 재계 주요 인사들은 모두 ~'

㈏ '버락오바마 미국 대통령의 임기는 ~'

㈐ '절강성 온주에서 열리는 박람회에는 ~~'

㈑ '국제노동기구(ILO) 창설 기념일과 때를 같이하여 ILO 회원국들은 ~'

① ㈏

② ㈑

③ ㈎, ㈏

④ ㈎, ㈐, ㈑

48 다음 중 의사소통의 두 가지 수단인 문서적인 의사소통과 언어적인 의사소통에 대하여 올바르게 설명하지 못한 것은 어느 것인가?

① 문서적인 의사소통은 언어적인 의사소통에 비해 권위감이 있다.

② 의사소통 시에는 일반적으로 언어적인 방법보다 문서적인 방법이 훨씬 많이 사용된다.

③ 문서적인 방법은 때로는 혼란과 곡해를 일으키는 경우가 있을 수 있다.

④ 언어적인 의사소통은 정확성을 기하기 힘든 경우가 있다.

49 다음 글의 밑줄 친 ㉠~㉣ 중, 전체 글의 문맥과 논리적으로 어울리지 않는 의미를 포함하고 있는 것은 어느 것인가?

정부의 지방분권 강화의 흐름은 에너지정책 측면에서도 매우 시의적절해 보인다. 왜냐하면 현재 정부가 강력히 추진 중인 에너지전환정책의 성공 여부는 그 특성상 지자체의 협력과 역할에 달려 있기 때문이다.

현재까지의 중앙 정부 중심의 에너지정책은 필요한 에너지를 값싸게 충분히 안정적으로 공급한다는 공급관리 목표를 달성하는데 매우 효율적이었다고 평가할 수 있다. 또한 중앙 정부 부처가 주도하는 현재의 정책 결정 구조는 에너지공급 설비와 비용을 최소화할 수 있으며, ㉠일관된 에너지정책을 추구하여 개별 에너지정책들 간의 충돌을 최소화할 수 있는 장점이 있다. 사실, 특정지역 대형설비 중심의 에너지정책을 추진할 때는 지역 경제보다는 국가경제 차원의 비용편익 분석이 타당성을 확보할 수 있고, 게다가 ㉡사업 추진 시 상대해야 할 민원도 특정지역으로 한정되는 경우가 많기 때문에 중앙정부 차원에서의 정책 추진이 효율적일 수 있다.

그러나 신재생에너지 전원과 같이 소규모로 거의 전 국토에 걸쳐 설치되어야 하는 분산형 전원 비중이 높아지는 에너지전환정책 추진에는 사정이 달라진다. 중앙 정부는 실제 설비가 들어서는 수많은 개별 지역의 특성을 세심히 살펴 추진할 수 없어 소규모 전원의 전국적 관리는 불가능하다. 실제로 현재 태양광이나 풍력의 보급이 지체되는 가장 큰 이유로 지자체의 인허가 단계에서 발생하는 다양한 민원이 지적되고 있다. 중앙정부 차원에서 평가한 신재생에너지의 보급 잠재력이 아무리 많아도, 실제 사업단계에서 부딪치는 다양한 어려움을 극복하지 못하면 보급 잠재력은 허수에 지나지 않게 된다. 따라서 ㉢소규모 분산전원의 확대는 거시적 정책이 아니라 지역별 특성을 세심히 고려한 미시적 정책에 달려 있다고 해도 지나치지 않다. 당연히 지역 특성을 잘 살필 수 있는 지자체가 분산 전원 확산에 주도권을 쥐는 편이 에너지전환정책의 성공에 도움이 될 수 있다.

이뿐만 아니라 경제가 성장하면서 에너지소비 구조도 전력, 도시가스, 지역난방 등과 같은 네트워크에너지 중심으로 변화하다 보니 지역별 공급비용에 대한 불균형을 고려해 ㉣지역별 요금을 단일화해야한다는 목소리도 점점 커지고 있고, 환경과 안전에 대한 국민들의 인식도 과거와 비교해 매우 높아져 이와 관련한 지역 사안에 관심도 커지고 있다. 이러한 변화는 때로는 지역 간 갈등으로 혹은 에너지시설 건설에 있어 님비(NIMBY)현상 등으로 표출되기도 한다. 모두 지역의 특성을 적극적으로 감안하고 지역주민들의 의견을 모아 해결해야할 사안이다. 당연히 중앙정부보다 지자체가 훨씬 잘 할 수 있는 영역이다.

하지만 중앙정부의 역할이 결코 축소되어서는 안 된다. 소규모 분산전원이 확대됨에 따라 에너지 공급의 안정성을 유지하기 위해 현재보다 더 많은 에너지 설비가 요구될 수 있으며 설비가 소형화되면서 공급 비용과 비효율성이 높아질 우려도 있기 때문이다. 따라서 지역 간 에너지시스템을 연계하는 등 공급 효율성을 높이기 위해 지자체 간의 협력과 중앙정부의 조정기능이 더욱 강조되어야 한다. 에너지전환정책은 중앙정부와 지자체 모두의 에너지정책 수요를 증가시키고 이들 간의 협력의 필요성을 더욱 요구할 것이다.

① ㉠

② ㉡

③ ㉢

④ ㉣

50 다음 대화 중 적극적인 경청자의 자세를 보여주는 사례가 아닌 것은 어느 것인가?

① "설명을 듣고 있자니 저들의 얘기가 거래 중단을 의미하려는 게 아닌지 추측되는군."

② "교수님 말씀을 귀담아 들으면 될 일이지 뭘 그리 예습을 열심히 하고 있니? 정작 강의 시간엔 한 눈을 팔려고 그래?"

③ "질문거리를 좀 많이 만들어 가야겠어. 뭐라고 답을 하는지 잘 들어볼 수 있도록 말이지."

④ "일단 지금까지 나온 얘기를 좀 요약해 보자. 내용을 일단락 시켜두고 다음 얘기를 들어보면 정리가 좀 될 거야"

CHAPTER
02 문제해결능력

01 문제와 문제해결

(1) 문제의 정의와 분류

① 정의 : 문제란 업무를 수행함에 있어서 답을 요구하는 질문이나 의논하여 해결해야 되는 사항이다.

② 문제의 분류

구분	창의적 문제	분석적 문제
문제제시 방법	현재 문제가 없더라도 보다 나은 방법을 찾기 위한 문제 탐구→문제 자체가 명확하지 않음	현재의 문제점이나 미래의 문제로 예견될 것에 대한 문제 탐구→문제 자체가 명확함
해결방법	창의력에 의한 많은 아이디어의 작성을 통해 해결	분석, 논리, 귀납과 같은 논리적 방법을 통해 해결
해답 수	해답의 수가 많으며, 많은 답 가운데 보다 나은 것을 선택	답의 수가 적으며 한정되어 있음
주요특징	주관적, 직관적, 감각적, 정성적, 개별적, 특수성	객관적, 논리적, 정량적, 이성적, 일반적, 공통성

(2) 업무수행과정에서 발생하는 문제 유형

① **발생형 문제(보이는 문제)** : 현재 직면하여 해결하기 위해 고민하는 문제이다. 원인이 내재되어 있기 때문에 원인지향적인 문제라고도 한다.

    ㉠ 일탈문제 : 어떤 기준을 일탈함으로써 생기는 문제

    ㉡ 미달문제 : 어떤 기준에 미달하여 생기는 문제

② **탐색형 문제(찾는 문제)** : 현재의 상황을 개선하거나 효율을 높이기 위한 문제이다. 방치할 경우 큰 손실이 따르거나 해결할 수 없는 문제로 나타나게 된다.

    ㉠ 잠재문제 : 문제가 잠재되어 있어 인식하지 못하다가 확대되어 해결이 어려운 문제

    ㉡ 예측문제 : 현재로는 문제가 없으나 현 상태의 진행 상황을 예측하여 찾아야 앞으로 일어날 수 있는 문제가 보이는 문제

    © **발견문제** : 현재로서는 담당 업무에 문제가 없으나 선진기업의 업무 방법 등 보다 좋은 제도나 기법을 발견하여 개선시킬 수 있는 문제

③ **설정형 문제(미래 문제)** : 장래의 경영전략을 생각하는 것으로 앞으로 어떻게 할 것인가 하는 문제이다. 문제해결에 창조적인 노력이 요구되어 창조적 문제라고도 한다.

예제 1

D회사 신입사원으로 입사한 귀하는 신입사원 교육에서 업무수행과정에서 발생하는 문제 유형 중 설정형 문제를 하나씩 찾아오라는 지시를 받았다. 이에 대해 귀하는 교육받은 내용을 다시 복습하려고 한다. 설정형 문제에 해당하는 것은?

① 현재 직면하여 해결하기 위해 고민하는 문제
② 현재의 상황을 개선하거나 효율을 높이기 위한 문제
③ 앞으로 어떻게 할 것인가 하는 문제
④ 원인이 내재되어 있는 원인지향적인 문제

[출제의도]
업무수행 중 문제가 발생하였을 때 문제 유형을 구분하는 능력을 측정하는 문항이다.
[해설]
업무수행과정에서 발생하는 문제 유형으로는 발생형 문제, 탐색형 문제, 설정형 문제가 있으며 ①④는 발생형 문제이며 ②는 탐색형 문제, ③이 설정형 문제이다.

답 ③

---

(3) 문제해결

① **정의** : 목표와 현상을 분석하고 이 결과를 토대로 과제를 도출하여 최적의 해결책을 찾아 실행 · 평가해 가는 활동이다.

② **문제해결에 필요한 기본적 사고**

    ㄱ **전략적 사고** : 문제와 해결방안이 상위 시스템과 어떻게 연결되어 있는지를 생각한다.

    ㄴ **분석적 사고** : 전체를 각각의 요소로 나누어 그 의미를 도출하고 우선순위를 부여하여 구체적인 문제해결방법을 실행한다.

    ㄷ **발상의 전환** : 인식의 틀을 전환하여 새로운 관점으로 바라보는 사고를 지향한다.

    ㄹ **내 · 외부자원의 활용** : 기술, 재료, 사람 등 필요한 자원을 효과적으로 활용한다.

③ **문제해결의 장애요소**

    ㄱ 문제를 철저하게 분석하지 않는 경우

    ㄴ 고정관념에 얽매이는 경우

    ㄷ 쉽게 떠오르는 단순한 정보에 의지하는 경우

    ㄹ 너무 많은 자료를 수집하려고 노력하는 경우

④ **문제해결방법**

    ㄱ **소프트 어프로치** : 문제해결을 위해서 직접적인 표현보다는 무언가를 시사하거나 암시를 통하여 의사를 전달하여 문제해결을 도모하고자 한다.

ⓛ 하드 어프로치 : 상이한 문화적 토양을 가지고 있는 구성원을 가정하고, 서로의 생각을 직설적으로 주장하고 논쟁이나 협상을 통해 서로의 의견을 조정해 가는 방법이다.

ⓒ 퍼실리테이션(facilitation) : 촉진을 의미하며 어떤 그룹이나 집단이 의사결정을 잘 하도록 도와주는 일을 의미한다.

02 문제해결능력을 구성하는 하위능력

(1) 사고력

① 창의적 사고 : 개인이 가지고 있는 경험과 지식을 통해 새로운 가치 있는 아이디어를 산출하는 사고능력이다.

ⓐ 창의적 사고의 특징
- 정보와 정보의 조합
- 사회나 개인에게 새로운 가치 창출
- 창조적인 가능성

▌ 예제 2 ▐

M사 홍보팀에서 근무하고 있는 귀하는 입사 5년차로 창의적인 기획안을 제출하기로 유명하다. S부장은 이번 신입사원 교육 때 귀하에게 창의적인 사고란 무엇인지 교육을 맡아달라고 부탁하였다. 창의적인 사고에 대한 귀하의 설명으로 옳지 않은 것은?

① 창의적인 사고는 새롭고 유용한 아이디어를 생산해 내는 정신적인 과정이다.
② 창의적인 사고는 특별한 사람들만이 할 수 있는 대단한 능력이다.
③ 창의적인 사고는 기존의 정보들을 특정한 요구조건에 맞거나 유용하도록 새롭게 조합시킨 것이다.
④ 창의적인 사고는 통상적인 것이 아니라 기발하거나, 신기하며 독창적인 것이다.

[출제의도]
창의적 사고에 대한 개념을 정확히 파악하고 있는지를 묻는 문항이다.
[해설]
흔히 사람들은 창의적인 사고에 대해 특별한 사람들만이 할 수 있는 대단한 능력이라고 생각하지만 그리 대단한 능력이 아니며 이미 알고 있는 경험과 지식을 해체하여 다시 새로운 정보로 결합하여 가치 있는 아이디어를 산출하는 사고라고 할 수 있다.

답 ②

ⓛ 발산적 사고 : 창의적 사고를 위해 필요한 것으로 자유연상법, 강제연상법, 비교발상법 등을 통해 개발할 수 있다.

구분	내용
자유연상법	생각나는 대로 자유롭게 발상 ex) 브레인스토밍
강제연상법	각종 힌트에 강제적으로 연결 지어 발상 ex) 체크리스트
비교발상법	주제의 본질과 닮은 것을 힌트로 발상 ex) NM법, Synectics

P⊙int 브레인스토밍

    ㉠ 진행방법
- 주제를 구체적이고 명확하게 정한다.
- 구성원의 얼굴을 볼 수 있는 좌석 배치와 큰 용지를 준비한다.
- 구성원들의 다양한 의견을 도출할 수 있는 사람을 리더로 선출한다.
- 구성원은 다양한 분야의 사람들로 5~8명 정도로 구성한다.
- 발언은 누구나 자유롭게 할 수 있도록 하며, 모든 발언 내용을 기록한다.
- 아이디어에 대한 평가는 비판해서는 안 된다.

    ㉡ 4대 원칙
- 비판엄금(Support) : 평가 단계 이전에 결코 비판이나 판단을 해서는 안 되며 평가는 나중까지 유보한다.
- 자유분방(Silly) : 무엇이든 자유롭게 말하고 이런 바보 같은 소리를 해서는 안 된다는 등의 생각은 하지 않아야 한다.
- 질보다 양(Speed) : 질에는 관계없이 가능한 많은 아이디어들을 생성해내도록 격려한다.
- 결합과 개선(Synergy) : 다른 사람의 아이디어에 자극되어 보다 좋은 생각이 떠오르고, 서로 조합하면 재미있는 아이디어가 될 것 같은 생각이 들면 즉시 조합시킨다.

② 논리적 사고 : 사고의 전개에 있어 전후의 관계가 일치하고 있는가를 살피고 아이디어를 평가하는 사고능력이다.

    ㉠ 논리적 사고를 위한 5가지 요소 : 생각하는 습관, 상대 논리의 구조화, 구체적인 생각, 타인에 대한 이해, 설득

    ㉡ 논리적 사고 개발 방법
- 피라미드 구조 : 하위의 사실이나 현상부터 사고하여 상위의 주장을 만들어가는 방법
- so what기법 : '그래서 무엇이지?'하고 자문자답하여 주어진 정보로부터 가치 있는 정보를 이끌어 내는 사고 기법

③ 비판적 사고 : 어떤 주제나 주장에 대해서 적극적으로 분석하고 종합하며 평가하는 능동적인 사고이다.

    ㉠ 비판적 사고 개발 태도 : 비판적 사고를 개발하기 위해서는 지적 호기심, 객관성, 개방성, 융통성, 지적 회의성, 지적 정직성, 체계성, 지속성, 결단성, 다른 관점에 대한 존중과 같은 태도가 요구된다.

    ㉡ 비판적 사고를 위한 태도
- 문제의식 : 비판적인 사고를 위해서 가장 먼저 필요한 것은 바로 문제의식이다. 자신이 지니고 있는 문제와 목적을 확실하고 정확하게 파악하는 것이 비판적인 사고의 시작이다.
- 고정관념 타파 : 지각의 폭을 넓히는 일은 정보에 대한 개방성을 가지고 편견을 갖지 않는 것으로 고정관념을 타파하는 일이 중요하다.

(2) 문제처리능력과 문제해결절차

① 문제처리능력 : 목표와 현상을 분석하고 이를 토대로 문제를 도출하여 최적의 해결책을 찾아 실행·평가하는 능력이다.

② 문제해결절차 : 문제 인식 → 문제 도출 → 원인 분석 → 해결안 개발 → 실행 및 평가

　㉠ 문제 인식 : 문제해결과정 중 'what'을 결정하는 단계로 환경 분석 → 주요 과제 도출 → 과제 선정의 절차를 통해 수행된다.

　　• 3C 분석 : 환경 분석 방법의 하나로 사업환경을 구성하고 있는 요소인 자사(Company), 경쟁사(Competitor), 고객(Customer)을 분석하는 것이다.

▌예제 3 ▐

L사에서 주력 상품으로 밀고 있는 TV의 판매 이익이 감소하고 있는 상황에서 귀하는 B부장으로부터 3C분석을 통해 해결방안을 강구해 오라는 지시를 받았다. 다음 중 3C에 해당하지 않는 것은?

① Customer　　　　　　② Company
③ Competitor　　　　　 ④ Content

[출제의도]
3C의 개념과 구성요소를 정확히 숙지하고 있는지를 측정하는 문항이다.
[해설]
3C 분석에서 사업 환경을 구성하고 있는 요소인 자사(Company), 경쟁사(Competitor), 고객을 3C(Customer)라고 한다. 3C 분석에서 고객 분석에서는 '고객은 자사의 상품·서비스에 만족하고 있는자'를, 자사 분석에서는 '자사가 세운 달성목표와 현상 간에 차이가 없는자'를 경쟁사 분석에서는 '경쟁기업의 우수한 점과 자사의 현상과 차이가 없는자'에 대한 질문을 통해서 환경을 분석하게 된다.

답 ④

• SWOT 분석 : 기업내부의 강점과 약점, 외부환경의 기회와 위협요인을 분석·평가하여 문제해결 방안을 개발하는 방법이다.

		내부환경요인	
		강점(Strengths)	약점(Weaknesses)
외부환경요인	기회 (Opportunities)	SO 내부강점과 외부기회 요인을 극대화	WO 외부기회를 이용하여 내부약점을 강점으로 전환
	위협 (Threat)	ST 외부위협을 최소화하기 위해 내부강점을 극대화	WT 내부약점과 외부위협을 최소화

ⓛ **문제 도출** : 선정된 문제를 분석하여 해결해야 할 것이 무엇인지를 명확히 하는 단계로, 문제 구조 파악→핵심 문제 선정 단계를 거쳐 수행된다.

- Logic Tree : 문제의 원인을 파고들거나 해결책을 구체화할 때 제한된 시간 안에서 넓이와 깊이를 추구하는데 도움이 되는 기술로 주요 과제를 나무모양으로 분해·정리하는 기술이다.

ⓒ **원인 분석** : 문제 도출 후 파악된 핵심 문제에 대한 분석을 통해 근본 원인을 찾는 단계로 Issue 분석→Data 분석→원인 파악의 절차로 진행된다.

ⓔ **해결안 개발** : 원인이 밝혀지면 이를 효과적으로 해결할 수 있는 다양한 해결안을 개발하고 최선의 해결안을 선택하는 것이 필요하다.

ⓜ **실행 및 평가** : 해결안 개발을 통해 만들어진 실행계획을 실제 상황에 적용하는 활동으로 실행계획 수립→실행→Follow-up의 절차로 진행된다.

■ 예제 4 ■

C사는 최근 국내 매출이 지속적으로 하락하고 있어 사내 분위기가 심상치 않다. 이에 대해 Y부장은 이 문제를 극복하고자 문제처리 팀을 구성하여 해결방안을 모색하도록 지시하였다. 문제처리 팀의 문제해결 절차를 올바른 순서로 나열한 것은?

① 문제 인식→원인 분석→해결안 개발→문제 도출→실행 및 평가
② 문제 도출→문제 인식→해결안 개발→원인 분석→실행 및 평가
③ 문제 인식→원인 분석→문제 도출→해결안 개발→실행 및 평가
④ 문제 인식→문제 도출→원인 분석→해결안 개발 →실행 및 평가

[출제의도]
실제 업무 상황에서 문제가 일어났을 때 해결 절차를 알고 있는지를 측정하는 문항이다.
[해설]
일반적인 문제해결절차는 '문제 인식→문제 도출→원인 분석→해결안 개발 →실행 및 평가로 이루어진다.

답 ④

출제예상문제

정답 및 해설 **p.228**

1 다음 글의 내용이 참일 때, 반드시 참인 진술은?

> • 김 대리, 박 대리, 이 과장, 최 과장, 정 부장은 A 회사의 직원들이다.
> • A 회사의 모든 직원은 내근과 외근 중 한 가지만 한다.
> • A 회사의 직원 중 내근을 하면서 미혼인 사람에는 직책이 과장 이상인 사람은 없다.
> • A 회사의 직원 중 외근을 하면서 미혼이 아닌 사람은 모두 그 직책이 과장 이상이다.
> • A 회사의 직원 중 외근을 하면서 미혼인 사람은 모두 연금 저축에 가입해 있다.
> • A 회사의 직원 중 미혼이 아닌 사람은 모두 남성이다.

① 갑 : 김 대리가 내근을 한다면, 그는 미혼이다.

② 을 : 박 대리가 미혼이면서 연금 저축에 가입해 있지 않다면, 그는 외근을 한다.

③ 병 : 이 과장이 미혼이 아니라면, 그는 내근을 한다.

④ 정 : 최 과장이 여성이라면, 그는 연금 저축에 가입해 있다.

2 다음 글은 OO법률구조공단의 자료에서 발췌한 글이다. 이 글과 〈보기〉의 상황을 근거로 옳은 판단을 내린 직원은?

민사소송에서 판결은 다음의 어느 하나에 해당하면 확정되며, 확정된 판결에 대해서 당사자는 더 이상 상급심 법원에 상소를 제기할 수 없게 된다.

첫째, 판결은 선고와 동시에 확정되는 경우가 있다. 예컨대 대법원 판결에 대해서는 더 이상 상소할 수 없기 때문에 그 판결은 선고 시에 확정된다. 그리고 하급심 판결이더라도 선고 전에 당사자들이 상소하지 않기로 합의하고 이 합의서를 법원에 제출할 경우, 판결은 선고 시에 확정된다.

둘째, 상소기간이 만료된 때에 판결이 확정되는 경우가 있다. 상소는 패소한 당사자가 제기하는 것으로, 상소를 하고자 하는 자는 판결문을 송달받은 날부터 2주 이내에 상소를 제기해야 한다. 이 기간 내에 상소를 제기하지 않으면 더 이상 상소할 수 없게 되므로, 판결은 상소기간 만료 시에 확정된다. 또한, 상소기간 내에 상소를 제기하였더라도 그 후 상소를 취하하면 상소기간 만료 시에 판결은 확정된다.

셋째, 상소기간이 경과하기 전에 패소한 당사자가 법원에 상소포기서를 제출하면, 제출 시에 판결은 확정된다.

〈보기〉

원고 甲은 피고 乙을 상대로 OO지방법원에 매매대금지급청구소송을 제기하였다. OO지방법원은 甲에게 매매대금지급청구권이 없다고 판단하여 2016년 11월 1일 원고 패소판결을 선고하였다. 이 판결문은 甲에게는 2016년 11월 10일 송달되었고, 乙에게는 2016년 11월 14일 송달되었다.

① 정 계장 : 乙은 2016년 11월 28일까지 상소할 수 있다.

② 오 주임 : 甲이 2016년 11월 28일까지 상소하지 않으면, 같은 날 판결은 확정된다.

③ 김 과장 : 甲이 2016년 11월 11일 상소한 후 2016년 12월 1일 상소를 취하하였다면, 취하한 때 판결은 확정된다.

④ 장 팀장 : 甲과 乙이 상소하지 않기로 하는 내용의 합의서를 2016년 10월 25일 법원에 제출하였다면, 판결은 2016년 11월 1일 확정된다.

3 다음 대화의 내용이 참일 때, 거짓인 진술은?

> 팀장 : 위기관리체계 점검 회의를 위해 외부 전문가를 위촉해야 하는데, 위촉 후보자는 A, B, C, D, E, F 여섯 사람입니다.
>
> 대리 : 그건 저도 알고 있습니다. 그런데 A와 B 중 적어도 한 명은 위촉해야 합니다. 지진 재해와 관련된 전문가들은 이들뿐이거든요.
>
> 팀장 : 동의합니다. 그런데 A는 C와 같이 참여하기를 바라고 있습니다. 그러니까 C를 위촉할 경우에만 A를 위촉해야 합니다.
>
> 주임 : 별문제 없어 보입니다. C는 반드시 위촉해야 하거든요. 회의 진행을 맡을 사람이 필요한데, C가 적격입니다. 그런데 C를 위촉하기 위해서는 D, E, F 세 사람 중 적어도 한 명은 위촉해야 합니다. C가 회의를 진행할 때 도움이 될 사람이 필요하거든요.
>
> 대리 : E를 위촉할 경우에는 F도 반드시 위촉해야 합니다. E는 F가 참여하지 않으면 참여하지 않겠다고 했거든요.
>
> 주임 : 주의할 점이 있습니다. B와 D를 함께 위촉할 수는 없습니다. B와 D는 같은 학술 단체 소속이거든요.

① 갑 : 총 3명만 위촉하는 방법은 모두 3가지이다.

② 을 : A는 위촉되지 않을 수 있다.

③ 병 : B를 위촉하기 위해서는 F도 위촉해야 한다.

④ 정 : D와 E 중 적어도 한 사람은 위촉해야 한다.

4 다음 글의 내용이 참일 때, 우수사원으로 반드시 표창받는 사람의 수는?

지난 1년간의 평가에 의거하여, 우수사원 표창을 하고자 한다. 세 개의 부서에서 갑, 을, 병, 정, 무 다섯 명을 표창 대상자로 추천했는데, 각 부서는 근무평점이 높은 순서로 추천하였다. 이들 중 갑, 을, 병은 같은 부서 소속이고 갑의 근무평점이 가장 높다. 추천된 사람 중에서 아래 네 가지 조건 중 적어도 두 가지를 충족하는 사람만 우수사원으로 표창을 받는다.

- 소속 부서에서 가장 높은 근무평점을 받아야 한다.
- 근무한 날짜가 250일 이상이어야 한다.
- 직원 교육자료 집필에 참여한 적이 있으면서, 직원 연수교육에 3회 이상 참석하여야 한다.
- 정부출연연구소에서 활동한 사람은 그 활동 보고서가 인사부서에 공식 자료로 등록되어야 한다.

지난 1년 동안 이들의 활동 내역은 다음과 같다.
- 250일 이상을 근무한 사람은 을, 병, 정이다.
- 갑, 병, 무 세 명 중에서 250일 이상을 근무한 사람은 모두 자신의 정부출연연구소 활동 보고서가 인사부서에 공식 자료로 등록되었다.
- 만약 갑이 직원 교육자료 집필에 참여하지 않았거나 무가 직원 교육자료 집필에 참여하지 않았다면, 다섯 명의 후보 중에서 근무한 날짜의 수가 250일 이상인 사람은 한 명도 없다.
- 정부출연연구소에서 활동한 적이 없는 사람은 모두 직원 연수교육에 1회 또는 2회만 참석했다.
- 그리고 다섯 명의 후보 모두 직원 연수교육에 3회 이상 참석했다.

① 1명
② 2명
③ 3명
④ 4명

5 다음 글은 OO생명연구원의 연구자료이다. 이를 근거로 판단할 때, 옳은 평가를 내린 사람을 모두 고르면?

특정 물질의 치사량은 주로 동물 연구와 실험을 통해서 결정한다. 치사량의 단위는 주로 LD50을 사용하는데, 'LD'는 'Lethal Dose'의 약어로 치사량을 의미하고, '50'은 물질 투여 시 실험 대상 동물의 50%가 죽는 것을 의미한다. 이런 이유로 LD50을 반수(半數) 치사량이라고 한다. 일반적으로 치사량이란 '즉시' 생명을 앗아갈 수 있는 양을 의미하고 있으므로 '급성' 반수 치사량이 사실 정확한 표현이다. LD50 값을 표기할 때는 보통 실험 대상 동물이 몸무게 1kg을 기준으로 하는 mg/kg 단위를 사용한다.

독성이 강하다는 보톡스의 LD50 값은 1ng/kg으로 복어 독보다 1만 배 이상 강하다. 일상에서 쉽게 접할 수 있는 카페인의 LD50 값은 200mg/kg이며 니코틴의 LD50 값은 1mg/kg이다. 커피 1잔에는 평균적으로 150mg의 카페인이 들어있으며 담배 한 개비에는 평균적으로 0.1mg의 니코틴이 함유되어 있다.

※ 1ng(나노그램)$=10^{-6}$mg$=10^{-9}$g

A : 복어 독의 LD50 값은 0.01mg/kg 이상이다.
B : 일반적으로 독성이 더 강한 물질일수록 LD50 값이 더 작다.
C : 몸무게가 7kg인 실험 대상 동물의 50%가 즉시 치사하는 카페인 투여량은 1.4g이다.
D : 몸무게가 60kg인 실험 대상 동물의 50%가 즉시 치사하는 니코틴 투여량은 1개비당 니코틴 함량이 0.1mg인 담배 60개비에 들어 있는 니코틴의 양에 상응한다.

① A, B

② A, C

③ A, B, C

④ B, C, D

6 다음 글은 OO농수산 식품연구원의 보고서의 일부이다. 이 글을 읽고 평가한 것으로 옳지 않은 것은?

1 유엔 식량농업기구(FAO)에 따르면 곤충의 종류는 2,013종인데, 그 중 일부가 현재 식재료로 사용되고 있다. 곤충은 병균을 옮기는 더러운 것으로 알려져 있지만 깨끗한 환경에서 사육된 곤충은 식용에 문제가 없다.

2 식용으로 귀뚜라미를 사육할 경우 전통적인 육류 단백질 공급원보다 생산에 필요한 자원을 절감할 수 있다. 귀뚜라미가 다른 전통적인 단백질 공급원보다 뛰어난 점은 다음과 같다. 첫째, 쇠고기 0.45kg을 생산하기 위해 필요한 자원으로 식용 귀뚜라미 11.33kg을 생산할 수 있다. 이것이 가능한 가장 큰 이유는 귀뚜라미가 냉혈동물이라 돼지나 소와 같이 체내 온도 유지를 위한 먹이를 많이 소비하지 않기 때문이다.

3 둘째, 식용 귀뚜라미 0.45kg을 생산하는 데 필요한 물은 감자나 당근을 생산하는 데 필요한 수준인 3.8ℓ이지만, 닭고기 0.45kg을 생산하려면 1,900ℓ의 물이 필요하며, 쇠고기는 닭고기의 경우보다 4배 이상의 물이 필요하다. 셋째, 귀뚜라미를 사육할 때 발생하는 온실가스의 양은 가축을 사육할 때 발생하는 온실가스양의 20%에 불과하다.

4 현재 곤충 사육은 많은 지역에서 이루어지고 있지만, 식용 곤충의 공급이 제한적이고 사람들에게 곤충도 식량이 될 수 있다는 점을 이해시키는 데 어려움이 있다. 따라서 새로운 식용 곤충 생산과 공급방법을 확충하고 곤충 섭취에 대한 사람들의 거부감을 줄이는 방안이 필요하다.

5 현재 식용 귀뚜라미는 주로 분말 형태로 100g당 10달러에 판매된다. 이는 같은 양의 닭고기나 쇠고기의 가격과 큰 차이가 없다. 그러나 인구가 현재보다 20억 명 더 늘어날 것으로 예상되는 2050년에는 귀뚜라미 등 곤충이 저렴하게 저녁식사 재료로 공급될 것이다.

① 김 연구원 : 쇠고기 생산보다 식용 귀뚜라미 생산에 자원이 덜 드는 이유 중 하나는 귀뚜라미가 냉혈동물이라는 점이다.

② 이 연구원 : 현재 곤충 사육은 많은 지역에서 이루어지고 있지만, 식용으로 사용되는 곤충의 종류는 일부에 불과하다.

③ 박 연구원 : 식용 귀뚜라미와 동일한 양의 쇠고기를 생산하려면, 귀뚜라미 생산에 필요한 물보다 500배의 물이 필요하다.

④ 정 연구원 : 식용 귀뚜라미 생산에는 쇠고기 생산보다 자원이 적게 들지만, 현재 이 둘의 100g당 판매 가격은 큰 차이가 없다.

7 다음 글은 ○○전파통신진흥원의 회의 자료이다. 이 자료를 근거로 판단할 때 옳지 않은 평가를 한 사람은?

① 여러분이 컴퓨터 키보드의 @ 키를 하루에 몇 번이나 누르는지 한번 생각해 보라. 아마도 이메일 덕분에 사용빈도가 매우 높을 것이다. 이탈리아에서는 '달팽이', 네덜란드에서는 '원숭이 꼬리'라 부르고 한국에서는 '골뱅이'라고 불리는 이 '엣(at)' 키는 한때 수동 타자기와 함께 영영 잊힐 위기에 처하기도 하였다.

② 6세기 @은 라틴어 전치사인 'ad'*를 한 획에 쓰기 위한 합자(合字)였다. 그리고 시간이 흐르면서 @은 베니스, 스페인, 포르투갈 상인들 사이에 측정 단위를 나타내는 기호로 사용되었다. 베니스 상인들은 @을 부피의 단위인 암포라(amphora)를 나타내는 기호로 사용하였으며, 스페인과 포르투갈의 상인들은 질량의 단위인 아로바(arroba)를 나타내는 기호로 사용하였다. 스페인에서의 1아로바는 현재의 9.5kg에 해당하며, 포르투갈에서의 1아로바는 현재의 12kg에 해당한다. 이후에 @은 단가를 뜻하는 기호로 변화하였다. 예컨대 '복숭아 12@1.5달러'로 표기한 경우 복숭아 12개의 가격이 18달러라는 것을 의미했다.

③ @ 키는 1885년 미국에서 언더우드 타자기에 등장하였고 20세기까지 자판에서 자리를 지키고 있었지만 사용빈도는 점차 줄어들었다. 그런데 1971년 미국의 한 프로그래머가 잊혀지다시피 하였던 @ 키를 살려낸다. 연구개발 업체에서 인터넷상의 컴퓨터 간 메시지 송신기술 개발을 담당했던 그는 @ 키를 이메일 기호로 활용했던 것이다.

* *ad* : 현대 영어의 'at' 또는 'to'에 해당하는 전치사

① K 직원 : 1960년대 말 @ 키는 타자기 자판에서 사라지면서 사용빈도가 점차 줄었다.

② L 소장 : @이 사용되기 시작한 지 1,000년이 넘었다.

③ P 직원 : @이 단가를 뜻하는 기호로 쓰였을 때, '토마토 15개@3달러'라면 토마토 15개의 가격은 45달러였을 것이다.

④ H 팀장 : @은 전치사, 측정 단위, 단가, 이메일 기호 등 다양한 의미로 활용되어 왔다.

8 다음은 OO농산물품질관리원에서 연구한 정책보고서의 내용이다. 이 글을 근거로 판단할 때, 일반적으로 종자저장에 가장 적합한 함수율을 가진 원종자의 무게가 10g이면 건조종자의 무게는 얼마인가?

채종하여 파종할 때까지 종자를 보관하는 것을 '종자의 저장'이라고 하는데, 채종하여 1년 이내 저장하는 것을 단기저장, 2~5년은 중기저장, 그 이상은 장기저장이라고 한다.

종자의 함수율(moisture content)은 종자의 수명을 결정하는 가장 중요한 인자이다. 함수율은 아래와 같이 백분율로 표시한다.

$$함수율(\%) = \frac{원종자\ 무게 - 건조\ 종자\ 무게}{원종자\ 무게} \times 100$$

일반적으로 종자저장에 가장 적합한 함수율은 5~10%이다. 다만 참나무류 등과 같이 수분이 많은 종자들은 함수율을 약 30% 이상으로 유지해주어야 한다. 또한, 유전자 보존을 위해서는 보통 장기저장을 하는데 이에 가장 적합한 함수율은 4~6%이다. 일반적으로 온도와 수분은 종자의 저장 기간과 역의 상관관계를 갖는다.

종자는 저장 용이성에 따라 '보통저장성' 종자와 '난저장성' 종자로 구분한다. 보통저장성 종자는 종자 수분 5~10%, 온도 0℃ 부근에서 비교적 장기간 보관이 가능한데 전나무류, 자작나무류, 벚나무류, 소나무류 등 온대 지역의 수종 대부분이 이에 속한다. 하지만 대사작용이 활발하여 산소가 많이 필요한 난저장성 종자는 0℃ 혹은 약간 더 낮은 온도에서 저장하여야 건조되는 것을 방지할 수 있다. 이에 속하는 수종은 참나무류, 칠엽수류 등의 몇몇 온대수종과 모든 열대수종이다.

한편 종자의 저장 방법에는 '건조저장법'과 '보습저장법'이 있다. 건조저장법은 '상온저장법'과 '저온저장법'으로 구분한다. 상온저장법은 일정한 용기 안에 종자를 넣어 창고 또는 실내에서 보관하는 방법으로 보통 가을부터 이듬해 봄까지 저장하며, 1년 이상 보관 시에는 건조제를 용기에 넣어 보관한다. 반면에 저온저장법의 경우 보통저장성 종자는 함수율이 5~10% 정도 되도록 건조하여 주변에서 수분을 흡수할 수 없도록 밀봉 용기에 저장하여야 한다. 난저장성 종자는 -3℃ 이하에 저장해서는 안 된다.

보습저장법은 '노천매장법', '보호저방법', '냉습적법' 등이 있다. 노천매장법은 양지바르고 배수가 잘되는 곳에 50~100cm 깊이의 구덩이를 파고 종자를 넣은 뒤 땅 표면은 흙을 덮어 겨울 동안 눈이나 빗물이 그대로 스며들 수 있도록 하는 방식이다. 보호저장법은 건사저장법이라고 하는데 참나무류, 칠엽수류 등 수분이 많은 종자가 부패하지 않도록 저장하는 방법이다. 냉습적법은 용기 안에 보습제인 이끼, 모래와 종자를 섞어서 놓고 3~5℃의 냉장고에 저장하는 방법이다.

① 6g~6.5g

② 7g~7.5g

③ 8g~8.5g

④ 9g~9.5g

9 다음은 OO시설관리공단 홍보마케팅부서의 보고서이다. 이를 바탕으로 공단의 당면과제를 도출한 것으로 가장 적절하지 않은 의견은?

[4차 산업혁명 도래에 따른 공단 미래 대응 방안]

1. 공단의 현수준에 대한 진단

■ 시(市) 대행사업 체제로 인한 사업수행 및 예산운용상의 자율성에 한계
  – 자원(예산, 인력 등) 운용 한계, 성과 재고를 위한 동기부여(보상 등) 미흡
■ 노동집약적이고 다양한 관리 구조로 운영됨
  – 조직 규모 비대화 및 상호 연관성 없는 백화점식(다양한) 사업 운영
■ 공공분야 시민참여 증대, 대시민 서비스 질적 향상 및 안전에 대한 요구도 증가
  – 공공기관 고유의 보수적 사고와 태도로 사회적 변화에 대응력 한계
■ 공익성과 수익성을 동시에 창출해야 하는 시대적 요구 직면
■ 4차 산업혁명 시대, 각 사업별로 미칠 파장에 대한 정확한 예측이 어려움

2. SWOT 분석을 통한 현황 파악

외부환경 \ 내부환경	강점 \ Strengths	약점 \ Weaknesses
	– IoT 기술적용이 용이한 플랫폼 보유 ☞ O2O 시장에서 오프라인플랫폼 보유 – 시설물 유지관리 노하우 및 기술력 – 신기술 도입에 대한 경영진의 의지	– 대행사업 체제로 자율성 한계 ☞ 사업수행, 예산운용 등 – 노동집약적 관리 구조 운영 – 시대적 변화에 대응력 미흡
기회 \ Opportunities • 공공시설에 대한 시민참여 수요 증가 • 민관협치 조례 제정, '협치서울협약' 선언 등으로 협업 환경 조성	**공격적 전략 SO** ✓ 신기술을 통한 사업운영 효율화 ✓ 온·오프라인 플랫폼 구축	**개선 전략 WO** ✓ 디지털기술의 제도적 환경 개선 ✓ 디지털 거버넌스 추진
위협 \ Threats • 변화의 방향, 예측이 어려움 • 사물인터넷 연결 등에 따른 보안(개인정보유출), 해킹문제 잔존 • 관련 법적·제도적 사항 미비 • 공공서비스 및 '시민안전' 수요 증가 • 공익성과 수익성의 동시 창출 요구	**다각화 전략 ST** ✓ 디지털기술 전문인력 확보 ✓ 갈등 조정 코디네이터 활용	**방어적 전략 WT** ✓ 디지털기술 구현을 위한 직원 역량 강화

① 박 과장 : 과학기술혁명이 몰고 올 기회와 위협 앞에 조직구조 및 시스템 변화가 시급하며, 전문 인력 채용 및 대비책 마련이 불가피하다.

② 이 대리 : 과학기술과 사회문화적 변화에 따른 제도적 보완으로 시(市) 주무부서와의 협력이 요구된다.

③ 허 주임 : 의회 조례개정 등을 통한 제도적 환경개선이 필요하며, 시대적 변화를 준비하기 위해 직원 개개인의 능동적인 동참이 요구된다.

④ 남 주임 : 지출 절감을 통한 시(市) 예산 기여 및 시민만족도 재고를 위해 기존 보유하고 있는 기술의 유지관리가 요구된다.

다음 〈조건〉을 근거로 판단할 때, 〈보기〉에서 옳은 것만을 모두 고르면?

〈조건〉

- A사와 B사는 신제품을 공동개발하여 판매한 총 순이익을 아래와 같은 기준에 의해 분배하기로 약정하였다.

  ㉠ A사와 B사는 총 순이익에서 각 회사 제조원가의 10%에 해당하는 금액을 우선 각자 분배받는다.

  ㉡ 총 순이익에서 위 ㉠의 금액을 제외한 나머지 금액에 대한 분배기준은 연구개발비, 판매관리비, 광고홍보비 중 어느 하나로 결정하며, 각 회사가 지출한 비용에 비례하여 분배액을 정하기로 한다.

- 신제품 개발과 판매에 따른 비용과 총 순이익은 다음과 같다.

(단위 : 억 원)

구분	A사	B사
제조원가	200	600
연구개발비	100	300
판매관리비	200	200
광고홍보비	300	150
총 순이익	200	

〈보기〉

ㄱ. 분배받는 순이익을 극대화하기 위한 분배기준으로, A사는 광고홍보비를, B사는 연구개발비를 선호할 것이다.

ㄴ. 연구개발비가 분배기준이 된다면, 총 순이익에서 B사가 분배받는 금액은 A사의 3배이다.

ㄷ. 판매관리비가 분배기준이 된다면, 총 순이익에서 A사와 B사의 분배받은 금액은 동일하다.

ㄹ. 광고홍보비가 분배기준이 된다면, 총 순이익에서 A사가 분배받은 금액은 B사보다 많다.

① ㄱ, ㄴ

② ㄱ, ㄷ

③ ㄱ, ㄹ

④ ㄴ, ㄹ

11 P회사 홍보부에서 근무하고 있는 Y씨는 선배들의 커피 심부름을 부탁받아 카페에 갔다 오려고 한다. Y씨는 자주 가는 카페에서 자신의 회원카드를 제시하려고 하며, 현재의 적립금은 2,050원으로 적립금을 최대한 사용할 예정이다. 다음 조건에 따라 계산할 경우 최종적으로 지불해야 하는 금액은 얼마인가?

〈선배들의 취향〉

- 김부장님 : 아메리카노 L
- 유과장님 : 휘핑크림 추가한 녹차라떼 R
- 신대리님 : 카페라떼 R
- 정대리님 : 카라멜 마끼야또 L
- Y씨 : 핫초코

〈메뉴〉

	R 사이즈(원)	L 사이즈(원)
아메리카노	2,500	2,800
카페라떼	3,500	3,800
카라멜 마끼야또	3,800	4,200
녹차라떼	3,000	3,500
핫초코	3,500	3,800

※ 휘핑크림 추가 : 800원

※ 오늘의 차 : 핫초코 균일가 3,000원

※ 카페 2주년 기념행사 : 총 금액 20,000원 초과 시 5% 할인

〈회원특전〉

- 10,000원 이상 결제 시 회원카드를 제시하면 총 결제 금액에서 1,000원 할인
- 적립금이 2,000점 이상인 경우, 현금처럼 사용가능(1점당 1원, 100원 단위로만 사용가능하며, 타 할인 혜택 적용 후 최종금액의 10%까지만 사용가능)
- 할인혜택은 중복적용 가능

① 14,300원
② 14,700원
③ 15,300원
④ 15,700원

12 어류 관련 회사에서 근무하는 H씨는 생선을 좋아해서 매일 갈치, 조기, 고등어 중 한 가지 생선을 구워 먹는다. 다음 12월 달력과 〈조건〉을 참고하여 〈보기〉에서 옳은 것을 모두 고른 것은?

12월						
일	월	화	수	목	금	토
			1	2	3	4
5	6	7	8	9	10	11
12	13	14	15	16	17	18
19	20	21	22	23	24	25
26	27	28	29	30	31	

〈조건〉

- 같은 생선을 연속해서 이틀 이상 먹을 수 없다.
- 매주 화요일은 갈치를 먹을 수 없다.
- 12월 17일은 조기를 먹어야 한다.
- 하루에 1마리의 생선만 먹어야 한다.

〈보기〉

㉠ 12월 한 달 동안 먹을 수 있는 조기는 최대 15마리이다.
㉡ 12월 한 달 동안 먹을 수 있는 갈치는 최대 14마리이다.
㉢ 12월 6일에 조기를 먹어야 한다는 조건이 추가된다면 12월 한 달 동안 갈치, 조기, 고등어를 1마리 이상씩 먹는다.

① ㉠   ② ㉡
③ ㉡㉢   ④ ㉠㉢

13 G회사에 근무하는 박과장과 김과장은 점심시간을 이용해 과녁 맞추기를 하였다. 다음 〈조건〉에 근거하여 〈점수표〉의 빈칸을 채울 때 박과장과 김과장의 최종점수가 될 수 있는 것은?

〈조건〉

• 과녁에는 0점, 3점, 5점이 그려져 있다.
• 박과장과 김과장은 각각 10개의 화살을 쏘았고, 0점을 맞힌 화살의 개수만 〈점수표〉에 기록이 되어 있다.
• 최종 점수는 각 화살이 맞힌 점수의 합으로 한다.
• 박과장과 김과장이 쏜 화살 중에는 과녁 밖으로 날아간 화살은 없다.
• 박과장과 김과장이 5점을 맞힌 화살의 개수는 동일하다.

〈점수표〉

점수	박과장의 화살 수	김과장의 화살 수
0점	3	2
3점		
5점		

	박과장의 최종점수	김과장의 최종점수
①	25	29
②	26	29
③	27	30
④	28	30

14 甲회사 인사부에 근무하고 있는 H부장은 각 과의 요구를 모두 충족시켜 신규직원을 배치하여야 한다. 각 과의 요구가 다음과 같을 때 홍보과에 배정되는 사람은 누구인가?

〈신규직원 배치에 대한 각 과의 요구〉

• 관리과 : 5급이 1명 배정되어야 한다.
• 홍보과 : 5급이 1명 배정되거나 6급이 2명 배정되어야 한다.
• 재무과 : B가 배정되거나 A와 E가 배정되어야 한다.
• 총무과 : C와 D가 배정되어야 한다.

〈신규직원〉

• 5급 2명(A, B)
• 6급 4명(C, D, E, F)

① A   ② B

③ C와 D   ④ E와 F

15 O회사에 근무하고 있는 채과장은 거래 업체를 선정하고자 한다. 업체별 현황과 평가기준이 다음과 같을 때, 선정되는 업체는?

〈업체별 현황〉

국가명	시장매력도	정보화수준	접근가능성
	시장규모(억 원)	정보화순위	수출액(백만 원)
A업체	550	106	9,103
B업체	333	62	2,459
C업체	315	91	2,597
D업체	1,706	95	2,777

〈평가기준〉

- 업체별 종합점수는 시장매력도(30점 만점), 정보화수준(30점 만점), 접근가능성(40점 만점)의 합계(100점 만점)로 구하며, 종합점수가 가장 높은 업체가 선정된다.
- 시장매력도 점수는 시장매력도가 가장 높은 업체에 30점, 가장 낮은 업체에 0점, 그 밖의 모든 업체에 15점을 부여한다. 시장규모가 클수록 시장매력도가 높다.
- 정보화수준 점수는 정보화순위가 가장 높은 업체에 30점, 가장 낮은 업체에 0점, 그 밖의 모든 업체에 15점을 부여한다.
- 접근가능성 점수는 접근가능성이 가장 높은 업체에 40점, 가장 낮은 업체에 0점, 그 밖의 모든 국가에 20점을 부여한다. 수출액이 클수록 접근가능성이 높다.

① A
③ C

② B
④ D

16 다음은 공공기관을 구분하는 기준이다. 다음 기준에 따라 각 기관을 구분한 결과가 옳지 않은 것은?

〈공공기관의 구분〉

제00조 제1항

공공기관을 공기업·준정부기관과 기타공공기관으로 구분하여 지정한다. 직원 정원이 50인 이상인 공공기관은 공기업 또는 준정부기관으로, 그 외에는 기타공공기관으로 지정한다.

제00조 제2항

제1항의 규정에 따라 공기업과 준정부기관을 지정하는 경우 자체수입액이 총수입액의 2분의 1 이상인 기관은 공기업으로, 그 외에는 준정부기관으로 지정한다.

제00조 제3항

제1항 및 제2항의 규정에 따른 공기업을 다음의 구분에 따라 세분하여 지정한다.

• 시장형 공기업 : 자산규모가 2조 원 이상이고, 총 수입액 중 자체수입액이 100분의 85 이상인 공기업
• 준시장형 공기업 : 시장형 공기업이 아닌 공기업

〈공공기관의 현황〉

공공기관	직원 정원	자산규모	자체수입비율
A	70명	4조 원	90%
B	45명	2조 원	50%
C	65명	1조 원	55%
D	60명	1.5조 원	45%

※ 자체수입비율 : 총 수입액 대비 자체수입액 비율

① A – 시장형 공기업
② B – 기타공공기관
③ C – 준정부기관
④ D – 준정부기관

17 다음 조건에 따라 가영, 세경, 봉숙, 혜진, 분이 5명의 자리를 배정하려고 할 때 1번에 앉는 사람은 누구인가?

- 친한 사람끼리는 바로 옆자리에 배정해야 하고, 친하지 않은 사람끼리는 바로 옆자리에 배정해 서는 안 된다.
- 봉숙이와 세경이는 서로 친하지 않다.
- 가영이와 세경이는 서로 친하다.
- 가영이와 봉숙이는 서로 친하다.
- 분이와 봉숙이는 서로 친하지 않다.
- 혜진이는 분이와 친하며, 5번 자리에 앉아야 한다.

1	2	3	4	5
( )	( )	( )	( )	혜진

① 가영　　　　　　　　　　　　② 세경
③ 봉숙　　　　　　　　　　　　④ 분이

18 다음 조건에 따를 때, 선정이의 병명은 무엇인가?

소윤, 홍미, 효진, 선정이가 처방전을 가지고 약국을 방문하였는데, 처방전을 받아 A~D의 약을 조제한 약사는 처방전을 잃어버리고 말았다.
- 약국을 방문한 4명의 병명은 감기, 배탈, 치통, 위염이었다.
- 홍미의 처방전은 B에 해당하는 것이었고, 그녀는 감기나 배탈 환자가 아니었다.
- A는 배탈 환자에 사용되는 약이 아니다.
- D는 위염에 사용되는 약이 포함되어 있다.
- 소윤이는 임신을 한 상태이고, A와 D에는 임산부가 먹으면 안 되는 약이 포함되어 있다.
- 효진이는 감기 환자가 아니었다.

① 감기　　　　　　　　　　　　② 배탈
③ 치통　　　　　　　　　　　　④ 위염

19 다음 중 발생형 문제에 대한 설명으로 옳은 것은?

① 현재의 상황을 개선하거나 효율을 높이기 위한 문제

② 바로 직면하여 걱정하고 해결하기 위해 고민해야 하는 문제

③ 문제를 방치하면 뒤에 큰 손실이 따르거나 해결할 수 없는 문제

④ 장래의 경영전략을 생각하는 경영전략의 문제

20 다음은 3C 분석을 위한 도표이다. 빈칸에 들어갈 질문으로 옳지 않은 것은?

구분	내용
고객/시장(Customer)	• 우리의 현재와 미래의 고객은 누구인가? • _____ ㉠ _____ • _____ ㉡ _____ • 시장의 주 고객들의 속성과 특성은 어떠한가?
경쟁사(Competitor)	• _____ ㉢ _____ • 현재의 경쟁사들의 강점과 약점은 무엇인가?
자사(Company)	• 해당 사업이 기업의 목표와 일치하는가? • 기존 사업의 마케팅과 연결되어 시너지효과를 낼 수 있는가? • _____ ㉣ _____

① ㉠ : 새로운 경쟁사들이 시장에 진입할 가능성은 없는가?

② ㉡ : 성장 가능성이 있는 사업인가?

③ ㉢ : 고객들은 경쟁사에 대해 어떤 이미지를 가지고 있는가?

④ ㉣ : 인적 · 물적 · 기술적 자원을 보유하고 있는가?

21 G 음료회사는 신제품 출시를 위해 시제품 3개를 만들어 전직원을 대상으로 블라인드 테스트를 진행한 후 기획팀에서 회의를 하기로 했다. 독창성, 대중성, 개인선호도 세 가지 영역에 총 15점 만점으로 진행된 테스트 결과가 다음과 같을 때, 기획팀 직원들의 발언으로 옳지 않은 것은?

	독창성	대중성	개인선호도	총점
시제품 A	5	2	3	10
시제품 B	4	4	4	12
시제품 C	2	5	5	12

① 우리 회사의 핵심가치 중 하나가 창의성 아닙니까? 저는 독창성 점수가 높은 A를 출시해야 한다고 생각합니다.
② 독창성이 높아질수록 총점이 낮아지는 것을 보지 못하십니까? 저는 그 의견에 반대합니다.
③ 무엇보다 현 시점에서 회사의 재정상황을 타계하기 위해서는 대중성을 고려하여 높은 이윤이 날 것으로 보이는 C를 출시해야 하지 않겠습니까?
④ 그럼 독창성과 대중성, 개인선호도를 모두 고려하여 B를 출시하는 것이 어떻겠습니까?

┃22~23┃ S사와 H사는 신제품을 공동개발하여 판매한 총 순이익을 다음과 같은 기준으로 분배하기로 합의하였다. 합의한 기준 및 비용과 순이익이 다음과 같을 때, 물음에 답하시오.

〈분배기준〉
㉠ S사와 H사는 총 순이익에서 각 회사의 제조원가의 5%에 해당하는 금액을 우선 각자 분배받는다(우선분배).
㉡ 총 순이익에서 ㉠의 금액을 제외한 나머지 금액에 대한 분배기준은 연구개발비, 판매관리비, 광고홍보비 중 각 회사에서 가장 많이 든 비용과 가장 적게 든 두 비용의 합으로 결정하며 이 두 비용의 합에 비례하여 분배액을 정하기로 한다(나중분배).

〈비용과 순이익〉

(단위 : 억 원)

구분	S사	H사
제조원가	200	600
연구개발비	100	300
판매관리비	200	200
광고홍보비	250	150
총 순이익	200	

22 다음 중 옳지 않은 것은?

① S사의 분배기준은 연구개발비와 광고홍보비가 된다.

② S사와 H사의 총 순이익분배비는 2 : 3이 된다.

③ 우선분배금액은 H사가 많지만 총 분배금액은 S사가 더 많다.

④ 나중분배의 분배기준을 연구개발비, 판매관리비, 광고홍보비의 합으로 수정한다면 S사에게 이득이다.

23 S사와 H사 모두 판매관리비를 50억 원 감축했는데도 불구하고 순이익이 이전과 같았다면 다음 중 맞는 설명은?

① S사의 총 이익분배금이 증가한다.

② H사의 총 이익분배금이 증가한다.

③ 두 회사의 총 이익분배금이 같다.

④ 두 회사의 총 이익분배금이 이전과 변화가 없다.

24 O씨가 잠시 쉬던 중 책상 위에 커피를 쏟아 자료의 일부가 훼손되었다. 다음 중 ㉠~㉢에 들어갈 수 있는 수치는? (단, 인건비와 재료비 이외의 투입요소는 없다)

구분	목표량	인건비	재료비	산출량	효과성 순위	효율성 순위
A	㉠	200	100	600	4	2
B	1,200	㉡	300	1,500	3	1
C	1,000	800	㉢	2,000	2	2
D	1,000	500	500	2500	1	1

※ 효율성 $= \dfrac{산출}{투입}$, 효과성 $= \dfrac{산출}{목표}$

	㉠	㉡	㉢			㉠	㉡	㉢
①	500	300	200		②	450	200	300
③	400	300	200		④	350	200	300

25 작업 A부터 작업 E까지 모두 완료해야 끝나는 업무에 대한 조건이 다음과 같을 때 옳지 않은 것은? (단, 모든 작업은 동일 작업장 내에서 행하여진다)

> ㉠ 작업 A는 4명의 인원과 10일의 기간이 소요된다.
> ㉡ 작업 B는 2명의 인원과 20일의 기간이 소요되며, 작업 A가 끝난 후에 시작할 수 있다.
> ㉢ 작업 C는 4명의 인원과 50일의 기간이 소요된다.
> ㉣ 작업 D와 E는 각 작업당 2명의 인원과 20일의 기간이 소요되며, 작업 E는 작업 D가 끝난 후에 시작할 수 있다.
> ㉤ 모든 인력은 작업 A~E까지 모두 동원될 수 있으며 생산력은 모두 같다.
> ㉥ 인건비는 1인당 1일 10만 원이다.
> ㉦ 작업장 사용료는 1일 50만 원이다.

① 업무를 가장 빨리 끝낼 수 있는 최단 기간은 50일이다.
② 최단 기간에 업무를 끝내기 위해 필요한 최소 인력은 10명이다.
③ 작업 가능한 인력이 4명뿐이라면 업무를 끝낼 수 있는 기간은 100일이다.
④ 모든 작업을 끝내는데 드는 최소 비용은 6,100만 원이다.

▎26~28 ▎ 다음 지문을 읽고 주어진 질문의 답을 고르시오.

당신은 사내교육을 마치고 배치를 받은 신입사원으로 외근을 하며 들러야 할 지점은 다음과 같다. 금일 내로 아래 목록의 업체에 모두 방문해야 하는데 교통수단으로는 지하철을 타고 이동하고, 지하철로 한 정거장을 이동할 때는 3분이 소요된다. 환승할 경우 환승하는 시간은 10분이다. 또한 한 정거장을 이동할 때마다 요금은 1,000원이 소요되고 환승할 경우 추가 요금은 없다.

• 방문할 업체
 a. 인쇄소
     주소 : 대구광역시 중구 중앙대로 429
     연락처 : 0700-xxxx
 b. 마트
     주소 : 대구광역시 북구 매천로 179
     연락처 : 053-144-xxxx
 c. 출판사
     주소 : 대구광역시 수성구 만촌동 1040-44
     연락처 : 053-764-xxxx
 d. 증권사
     주소 : 대구광역시 동구 신천동 503-1
     연락처 : 053-315-xxxx
 e. 연구소
     주소 : 대구광역시 달서구 이곡동 1220-27
     연락처 : 053-594-xxxx
 f. 본사
     주소 : 대구광역시 동구 율하동 1117
     연락처 : 053-690-xxxx

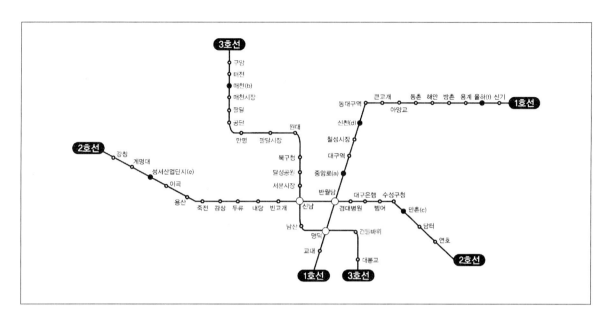

26 당신은 동대구역에서 9시 30분에 출발하여 먼저 f 본사에 들러 서류를 받은 후 e 연구소에 전달해야 한다. 이동마다 소요시간을 고려할 때 가장 효율적으로 이동할 수 있는 순서를 고르시오.

① f-e-a-d-c-b

② f-e-b-d-c-a

③ f-e-b-c-d-a

④ f-e-a-c-d-b

27 두류역에서부터 반월당역까지 사고로 인하여 2호선으로 해당구간 이동이 불가능한 상황이다. 그런데 b 마트에 방문하여 인쇄할 원본을 받아서 a 인쇄소로 이동하였다가, 인쇄물을 보고 c 출판사에서 수정방향을 검토하기로 했다. b에서 출발하여 c에서 퇴근한다면, 이 구간을 이동할 때 최소 몇 분이 소요되겠는가?

① 80분

② 81분

③ 82분

④ 83분

28 당신이 b 마트에서 출발하여 a 인쇄소를 거쳐 c 출판사에서 퇴근할 경우 지하철 비용은 최소 얼마인가? (단, 전 구간 이동이 가능하다)

① 15,000원
② 16,000원
③ 17,000원
④ 18,000원

29 두 가지 직업을 동시에 가지는 사람들(일명 투잡)이 최근에 많아졌다. 지은, 수정, 효미는 각각 두 가지씩 직업을 가지고 있는데 직업의 종류는 은행원, 화가, 소설가, 교사, 변호사, 사업가 6가지이다. 세 명에 대하여 다음 사항을 알고 있을 때, 효미의 직업은 무엇인가?

> ㉠ 사업가는 은행원에게 대출 절차를 상담하였다.
> ㉡ 사업가와 소설가와 지은이는 같이 골프를 치는 친구이다.
> ㉢ 화가는 변호사에게서 법률적인 충고를 받았다.
> ㉣ 은행원은 화가의 누이동생과 결혼하였다.
> ㉤ 수정은 소설가에게서 소설책을 빌렸다.
> ㉥ 수정과 효미는 화가와 어릴 때부터 친구였다.

① 교사, 소설가
② 은행원, 소설가
③ 변호사, 사업가
④ 교사, 변호사

30 다음 글을 통해서 볼 때, 그림을 그린 사람(들)은 누구인가?

> 송화, 진수, 경주, 상민, 정란은 대학교 회화학과에 입학하기 위해 △△미술학원에서 그림을 그린다. 이들은 특이한 버릇을 가지고 있다. 송화, 경주, 정란은 항상 그림이 마무리되면 자신의 작품 밑에 거짓을 쓰고, 진수와 상민은 자신의 그림에 언제나 참말을 써넣는다. 우연히 다음과 같은 글귀가 적힌 그림이 발견되었다.
> "이 그림은 진수가 그린 것이 아님"

① 진수
② 상민
③ 송화, 경주
④ 경주, 정란

31 A, B, C, D, E는 4시에 만나서 영화를 보기로 약속했다. 이들이 도착한 것이 다음과 같다면 옳은 것은?

> • A 다음으로 바로 B가 도착했다.
> • B는 D보다 늦게 도착했다.
> • B보다 늦게 온 사람은 한 명뿐이다.
> • D는 가장 먼저 도착하지 못했다.
> • 동시에 도착한 사람은 없다.
> • E는 C보다 일찍 도착했다.

① D는 두 번째로 약속장소에 도착했다.
② C는 약속시간에 늦었다.
③ A는 가장 먼저 약속장소에 도착했다.
④ E는 제일 먼저 도착하지 못했다.

32 원서기업의 자재관리팀에서 근무 중인 직원 진수는 회사 행사 때 사용할 배너를 제작하는 업무를 맡아 이를 진행하려고 한다. 배너와 관련된 정보가 아래와 같을 때 배너를 설치하는데 필요한 총 비용은 얼마인가?

- 다음은 행사 장소를 나타낸 지도이다.

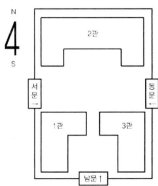

- 행사 장소 : 본 건물 2관

- 배너 설치비용(배너 제작비+배너 거치대)
 − 배너 제작비용 : 일반배너 한 장당 25,000원, 고급배너 한 장당 30,000원
 − 배너 거치대 : 건물 내부용 20,000원, 건물 외부용 25,000원

---

(1) 배너를 설치하는 장소 : 동문·서문·남문 앞에 각 1장, 2관 내부에 2장
(2) 사장님 특별 지시사항 : 실외용은 모두 고급 배너를 사용할 것

① 250,000원　　　　　　　　　② 255,000원
③ 260,000원　　　　　　　　　④ 265,000원

33 다음 문장을 읽고 유추할 수 있는 것은?

> • 만일 정재가 범인이면 혜수는 범인이 아니다.
> • 혜수는 범인이다.
> 그러므로 _____

① 정재는 범인이다.
② 정재는 범인이 아니다.
③ 정재와 혜수는 범인이 아니다.
④ 정재와 혜수는 범인이다.

34 다음 주어진 전제가 참일 때 결론으로 옳은 것은?

> [전제]
> • 사람을 좋아하는 사람은 동호회를 선호하는 사람이다.
> • 책을 좋아하는 사람은 동호회를 선호하지 않는 사람이다.
> • 나는 동호회를 선호하는 사람이다.
>
> [결론]
> • _____

① 나는 사람과 책을 좋아한다.
② 나는 사람을 좋아하지 않는다.
③ 동호회를 선호하는 사람은 사람을 좋아한다.
④ 나는 책을 좋아하지 않는 사람이다.

35 직업기초능력시험이 이뤄지고 있는 한 시험장에서 3명의 지원자 중 한 명이 부정행위를 하였다. 이 중 한 사람만 진실을 말했다면 부정행위를 한 지원자는 누구인가?

> • 김종국 : 이광수씨가 부정행위를 했습니다.
> • 이광수 : 지금 김종국씨는 거짓말을 하고 있습니다.
> • 강개리 : 저는 부정행위를 하지 않았습니다.

① 김종국   ② 이광수

③ 강개리   ④ 김종국과 이광수 둘 다 부정행위를 하였다.

36 다음은 나에 대해 SWOT 분석을 한 것이다. 환경 분석결과에 대응하는 가장 적절한 전략은?

강점 (Strengths)	• 맡은 일에 대해 책임과 의무를 다하는 성격 • 높은 학점 취득으로 전공이해도가 높음 • 긍정적인 마인드
약점 (Weaknesses)	• 부족한 외국어 실력 • 남들에 비해 늦은 취업
기회 (Opportunities)	• 스펙을 보지 않는 기업들이 많아짐 • NCS라는 새로운 취업제도가 도입됨
위협 (Threats)	• 취업경쟁이 심화되고 있음 • 해외경험을 중시하는 취업시장의 분위기

	강점(S)	약점(W)
기회(O)	① NCS라는 새로운 취업제도에 긍정적인 마인드로 대처	② 취업경쟁이 심화되고 있지만 타 취업생보다 전공이해도가 높음
위협(T)	③ 늦은 취업이지만 나이나 학력 등의 스펙을 보지 않는 기업이 많아짐	④ 취업경쟁의 심화 속에서도 긍정적인 마인드로 극복해나감

▌37~38▐ 다음 5개의 팀에 인터넷을 연결하기 위해 작업을 하려고 한다. 5개의 팀 사이에 인터넷을 연결하기 위한 시간이 다음과 같을 때 제시된 표를 바탕으로 물음에 답하시오(단, 가팀과 나팀이 연결되고 나팀과 다팀이 연결되면 가팀과 다팀이 연결된 것으로 간주한다).

구분	가	나	다	라	마
가	–	3	6	1	2
나	3	–	1	2	1
다	6	1	–	3	2
라	1	2	3	–	1
마	2	1	2	1	–

37 가팀과 다팀을 인터넷 연결하기 위해 필요한 최소의 시간은?

① 7시간 ② 6시간
③ 5시간 ④ 4시간

38 다팀과 마팀을 인터넷 연결하기 위해 필요한 최소의 시간은?

① 1시간 ② 2시간
③ 3시간 ④ 4시간

| 39~40 | 다음은 중소기업협회에서 주관한 학술세미나 일정에 관한 것으로 다음 세미나를 준비하는 데 필요한 일, 각각의 일에 걸리는 시간, 일의 순서 관계를 나타낸 표이다. 제시된 표를 바탕으로 물음에 답하시오.

〈세미나 준비 현황〉

구분	작업	작업시간(일)	먼저 행해져야 할 작업
가	세미나 장소 세팅	1	바
나	현수막 제작	2	다, 마
다	세미나 발표자 선정	1	라
라	세미나 기본계획 수립	2	없음
마	세미나 장소 선정	3	라
바	초청자 확인	2	라

39 현수막 제작을 시작하기 위해서는 최소 며칠이 필요하겠는가?

① 3일   ② 4일
③ 5일   ④ 6일

40 세미나 장소 세팅까지 마치는 데 필요한 최대의 시간은?

① 10일   ② 11일
③ 12일   ④ 13일

41 다음 중 문제 해결을 위한 기본적인 사고방식으로 적절하지 않은 것은 어느 것인가?

① 어려운 해결책을 찾으려 하지 말고 우리가 알고 있는 단순한 정보라도 이용해서 실마리를 풀어가야 한다.

② 문제 전체에 매달리기보다 문제를 각각의 요소로 나누어 그 요소의 의미를 도출하고 우선순위를 부여하는 방법이 바람직하다.

③ 고정관념을 버리고 새로운 시각에서 문제를 바라볼 수 있어야 한다.

④ 나에게 필요한 자원을 확보할 계획을 짜서 그것들을 효과적으로 활용할 수 있어야 한다.

42 다음과 같은 상황 하에서 'so what?' 기법을 활용한 논리적인 사고로 가장 바람직한 사고 행위는 어느 것인가?

- 무역수지 적자가 사상 최고를 경신했다.
- 주요 도시 무역단지의 신규 인력 채용이 점점 어려워지고 있다.
- 상공회의소 발표 자료에서는 적자를 극복하지 못해 도산하는 기업이 증가하고 있다.

① 무역 업체 입사를 원하는 청년층이 줄어들고 있다.

② 정부의 대대적인 지원과 문제해결 노력이 시급히 요구된다.

③ 무역 업체 경영진의 물갈이가 필요하다.

④ 자동차, 반도체 등 수출 선도업체에 대한 지원이 필요하다.

43 다음 SWOT 분석기법에 대한 설명과 분석 결과 사례를 토대로 한 대응 전략으로 가장 적절한 것은 어느 것인가?

SWOT 분석은 내부 환경요인과 외부 환경요인의 2개의 축으로 구성되어 있다. 내부 환경요인은 자사 내부의 환경을 분석하는 것으로 분석은 다시 자사의 강점과 약점으로 분석된다. 외부환경요인은 자사 외부의 환경을 분석하는 것으로 분석은 다시 기회와 위협으로 구분된다. 내부환경요인과 외부환경요인에 대한 분석이 끝난 후에 매트릭스가 겹치는 SO, WO, ST, WT에 해당되는 최종 분석을 실시하게 된다. 내부의 강점과 약점을, 외부의 기회와 위협을 대응시켜 기업의 목표를 달성하려는 SWOT분석에 의한 발전전략의 특성은 다음과 같다.

- SO전략 : 외부 환경의 기회를 활용하기 위해 강점을 사용하는 전략 선택
- ST전략 : 외부 환경의 위협을 회피하기 위해 강점을 사용하는 전략 선택
- WO전략 : 자신의 약점을 극복함으로써 외부 환경의 기회를 활용하는 전략 선택
- WT전략 : 외부 환경의 위협을 회피하고 자신의 약점을 최소화하는 전략 선택

강점(Strength)	• 해외 조직 관리 경험 풍부 • 자사 해외 네트워크 및 유통망 다수 확보
약점(Weakness)	• 순환 보직으로 잦은 담당자 교체 • 브랜드 이미지 관리에 따른 업무 융통성 부족
기회(Opportunity)	• 현지에서 친숙한 자사 이미지 • 현지 정부의 우대 혜택 및 세제 지원 약속
위협(Threat)	• 일본 경쟁업체와의 본격 경쟁체제 돌입 • 위안화 환율 불안에 따른 환차손 우려

내부환경 외부환경	강점(Strength)	약점(Weakness)
기회(Opportunity)	① 세제 혜택을 통하여 환차손 리스크 회피 모색	② 타 해외 조직의 운영 경험을 살려 업무 효율성 벤치마킹
위협(Threat)	③ 다양한 유통채널을 통하여 경쟁체제 우회 극복	④ 해외 진출 경험으로 축적된 우수 인력 투입으로 업무 누수 방지

44 업무상 발생하는 문제를 해결하기 위한 5단계 절차를 다음과 같이 도식화하여 나타낼 수 있다. 빈 칸 (개)~(대)에 들어갈 말이 순서대로 올바르게 나열된 것은 어느 것인가?

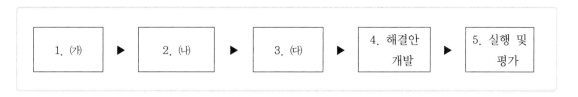

① 원인 분석, 문제 인식, 문제 도출
② 문제 인식, 원인 분석, 문제 도출
③ 문제 도출, 원인 분석, 문제 인식
④ 문제 인식, 문제 도출, 원인 분석

45 다음 항목들 중 비판적 사고를 개발하기 위한 태도로 적절한 것들로 짝지어진 것은 어느 것인가?

• 브레인스토밍
• 비교 발상법
• 생각하는 습관
• 다른 관점에 대한 존중
• 결단성
• 지적 호기심
• 타인에 대한 이해

① 결단성, 지적 호기심, 다른 관점에 대한 존중
② 생각하는 습관, 타인에 대한 이해, 다른 관점에 대한 존중
③ 비교 발상법, 지적 호기심, 생각하는 습관
④ 브레인스토밍, 지적 호기심, 타인에 대한 이해

46 다음 설명의 빈 칸에 공통으로 들어갈 말로 적당한 것은 어느 것인가?

( )는 직장생활 중에서 지속적으로 요구되는 능력이다. ( )를 할 수 있는 능력이 없다면 아무리 많은 지식을 가지고 있더라도 자신이 만든 계획이나 주장을 주위 사람에게 이해시켜 실현시키기 어려울 것이며, 이 때 다른 사람들을 설득하여야 하는 과정에 필요로 하는 것이 ( )이다. 이것은 사고의 전개에 있어서 전후의 관계가 일치하고 있는가를 살피고, 아이디어를 평가하는 능력을 의미한다. 이러한 사고는 다른 사람을 공감시켜 움직일 수 있게 하며, 짧은 시간에 헤매지 않고 사고할 수 있게 한다. 또한 행동을 하기 전에 생각을 먼저 하게 하며, 주위를 설득하는 일이 훨씬 쉬워진다.

① 전략적 사고
② 기능적 사고
③ 창의적 사고
④ 논리적 사고

47 다음 글에서 엿볼 수 있는 문제의 유형과 사고력의 유형이 알맞게 짝지어진 것은 어느 것인가?

대한상사는 가전제품을 수출하는 기업이다. 주요 거래처가 미주와 유럽에 있다 보니 대한상사는 늘 환율 변동에 대한 리스크를 안고 있다. 최근 북한과 중동의 급변하는 정세 때문에 연일 환율이 요동치고 있어 대한상사는 도저히 향후 손익 계획을 가름해 볼 수 없는 상황이다. 이에 따라 가격 오퍼 시 고정 환율을 적용하거나 현지에 생산 공장을 설립하는 문제를 심각하게 검토하고 있다.

문제의 유형	사고력 유형
① 탐색형 문제	논리적 사고
② 설정형 문제	논리적 사고
③ 탐색형 문제	비판적 사고
④ 설정형 문제	창의적 사고

48 홍보팀 백 대리는 회사 행사를 위해 연회장을 예약하려 한다. 연회장의 현황과 예약 상황이 다음과 같을 때, 연회장에 예약 문의를 한 백 대리의 아래 질문에 대한 연회장 측의 회신 내용에 포함되기에 적절하지 않은 것은 어느 것인가?

〈연회장 시설 현황〉

구분	최대 수용 인원(명)	대여 비용(원)	대여 가능 시간
A	250	500,000	3시간
B	250	450,000	2시간
C	200	400,000	3시간
D	150	350,000	2시간

* 연회장 정리 직원은 오후 10시에 퇴근함

* 시작 전과 후 준비 및 청소 시간 각각 1시간 소요, 연이은 사용의 경우 중간 1시간 소요

〈연회장 예약 현황〉

일	월	화	수	목	금	토
			1 A 10시 B 16시	2 B 19시 D 18시	3 C 15시 D 16시	4 A 11시 B 12시
5	6 B 17시 C 18시	7	8 A 18시 D 16시	9 C 15시	10 C 16시 D 11시	11
12	13 C 15시 D 16시	14 A 16시	15 D 18시 A 15시	16	17 B 18시 D 17시	18

〈백 대리 요청 사항〉

안녕하세요?

연회장 예약을 하려 합니다. 주말과 화, 목요일을 제외하고 가능한 날이면 언제든 좋습니다. 참석 인원은 180~220명 정도 될 것 같고요, 오후 6시에 저녁 식사를 겸해서 2시간 정도 사용하게 될 것 같습니다. 물론 가급적 저렴한 연회장이면 더 좋겠습니다. 회신 부탁드립니다.

① 가능한 연회장 중 가장 저렴한 가격을 원하신다면 월요일은 좀 어렵겠습니다.

② 6일은 가장 비싼 연회장만 가능한 상황입니다.

③ 인원이 200명을 넘지 않으신다면 가장 저렴한 연회장을 사용하실 수 있는 기회가 네 번 있습니다.

④ A, B 연회장은 원하시는 날짜에 언제든 가능합니다.

49 다음은 문제를 지혜롭게 처리하기 위한 단계별 방법을 나열한 것이다. 올바른 문제처리 절차에 따라 (가) ~ (마)의 순서를 재배열한 것은 어느 것인가?

> (가) 당초 장애가 되었던 문제의 원인들을 해결안을 사용하여 제거한다.
>
> (나) 문제로부터 도출된 근본원인을 효과적으로 해결할 수 있는 최적의 해결방안을 수립한다.
>
> (다) 파악된 핵심문제에 대한 분석을 통해 근본 원인을 도출해 본다.
>
> (라) 선정된 문제를 분석하여 해결해야 할 것이 무엇인지를 명확히 결정한다.
>
> (마) 해결해야 할 전체 문제를 파악하여 우선순위를 정하고, 선정문제에 대한 목표를 명확히 한다.

① (마) - (라) - (다) - (나) - (가)

② (라) - (마) - (다) - (가) - (나)

③ (가) - (나) - (마) - (라) - (다)

④ (마) - (다) - (라) - (가) - (나)

50 양 과장 휴가를 맞아 제주도로 여행을 떠나려고 한다. 가족 여행이라 짐이 많을 것을 예상한 양 과장은 제주도로 운항하는 5개의 항공사별 수하물 규정을 다음과 같이 검토하였다. 다음 규정을 참고할 때, 양 과장이 판단한 것으로 올바르지 않은 것은 어느 것인가?

	화물용	기내 반입용
갑항공사	A+B+C=158cm 이하, 각 23kg, 2개	A+B+C=115cm 이하, 10kg~12kg, 2개
을항공사		A+B+C=115cm 이하, 10kg~12kg, 1개
병항공사	A+B+C=158cm 이하, 20kg, 1개	A+B+C=115cm 이하, 7kg~12kg, 2개
정항공사	A+B+C=158cm 이하, 각 20kg, 2개	A+B+C=115cm 이하, 14kg 이하, 1개
무항공사		A+B+C=120cm 이하, 14kg~16kg, 1개

* A, B, C는 가방의 가로, 세로, 높이의 길이를 의미함

① 기내 반입용 가방이 최소한 2개는 되어야 하니 일단 갑, 병항공사밖엔 안 되겠군.

② 가방 세 개 중 A+B+C의 합이 2개는 155cm, 1개는 118cm이니 무항공사 예약상황을 알아봐야지.

③ 무게로만 따지면 병항공사보다 을항공사를 이용하면 더 많은 짐을 가져갈 수 있겠군.

④ 가방의 총 무게가 55kg을 넘어갈 테니 반드시 갑항공사를 이용해야겠네.

PART

V

정답 및 해설

적성검사 정답해설

01 »»» **지각력**

1	2	3	4	5	6	7	8	9	10	11	12	13	14	15
④	②	③	①	④	③	③	②	②	④	①	④	③	③	④
16	17	18	19	20	21	22	23	24	25	26	27	28	29	30
④	③	②	①	③	②	③	①	④	①	②	①	②	③	②

※ 1~20번까지는 해설이 없습니다.

21 ②

① 2가 뒤집어져야 한다.
③ 6이 뒤집어져야 한다.
④ 1이 뒤집어져야 한다.

22 ③

① ●의 우측은 ■이다.
② ✓의 우측은 ●이다.
④ ■의 우측은 ▲이다.

23 ①

② C의 우측은 D이다.
③ B의 우측은 C이다.
④ D의 우측은 A이다.

24 ④

① ∨ 모양은 나타날 수 없다.

② ♥ 우측은 ∧ 또는 ♥이다.

③ ∧ 우측은 >이다.

25 ①

② 月 우측은 子이다.

③ 子 우측은 日이다.

④ 木 우측은 月이다.

26 ②

제시된 전개도를 접으면 ②가 나타난다.

27 ①

제시된 전개도를 접으면 ①이 나타난다.

28 ②

제시된 전개도를 접으면 ②가 나타난다.

29 ③

제시된 전개도를 접으면 ③이 나타난다.

30 ②

제시된 전개도를 접으면 ②가 나타난다.

1	2	3	4	5	6	7	8	9	10	11	12	13	14	15
③	①	④	②	②	③	③	④	①	④	①	③	②	④	②
16	17	18	19	20	21	22	23	24	25	26	27	28	29	30
①	③	②	④	②	②	①	②	④	①	②	④	③	①	②

1 ③

③ 'Ⅱ Ⅲ Ⅵ Ⅶ'가 되어야 동일한 규칙이 된다.

1	2	3	4	5	6	7
ㄱ	ㄴ	ㄷ	ㄹ	ㅁ	ㅂ	ㅅ
Ⅰ	Ⅱ	Ⅲ	Ⅳ	Ⅴ	Ⅵ	Ⅶ
ⓐ	ⓑ	ⓒ	ⓓ	ⓔ	ⓕ	ⓖ

2 ①

① '강 낭 방 상'이 되어야 동일한 규칙이 된다.

강	낭	당	랑	망	방	상
①	②	③	④	⑤	⑥	⑦
ⓐ	ⓑ	ⓒ	ⓓ	ⓔ	ⓕ	ⓖ
빨	주	노	초	파	남	보

3 ④

④ '주 노 초 파'가 되어야 동일한 규칙이 된다.

일	월	화	수	목	금	토
(1)	(2)	(3)	(4)	(5)	(6)	(7)
㉮	㉯	㉰	㉱	㉲	㉳	㉴
빨	주	노	초	파	남	보

4 ②

② 'A D E G'가 되어야 동일한 규칙이 된다.

1	2	3	4	5	6	7
A	B	C	D	E	F	G
가	나	다	라	마	바	사
one	two	three	four	five	six	seven

5 ②

② 'Ⅰ Ⅱ Ⅵ Ⅶ'가 되어야 동일한 규칙이 된다.

A	B	C	D	E	F	G
Ⅰ	Ⅱ	Ⅲ	Ⅳ	Ⅴ	Ⅵ	Ⅶ
㉮	㉯	㉰	㉱	㉲	㉳	㉴
1	2	3	4	5	6	7

6 ③

동타	동소	동물	동치
동소	동준	동탁	동타
동주	동탁	동준	**동주**
동탁	동타	동치	동해
동해	동화	동상	동소
동화	동탁	**동주**	동상

7 ③

동타	동소	동물	동치
동소	동준	동탁	동타
동주	동탁	동준	동주
동탁	동타	동치	**동해**
동해	동화	동상	동소
동화	동탁	동주	동상

8 ④

'동간'은 찾을 수 없다.

---

9 ①

동타	동소	동물	동치
동소	동준	동탁	동타
동주	동탁	동준	동주
동탁	동타	동치	동해
동해	동화	동상	동소
동화	동탁	동주	동상

---

10 ④

동타	동소	동물	동치
동소	동준	동탁	동타
동주	동탁	동준	동주
동탁	동타	동치	동해
동해	동화	동상	동소
동화	동탁	동주	동상

---

11 ①

양	약	양	얀
얀	얄	얌	양
얌	양	얄	얌
약	얀	약	얀
양	약	양	약

12 ③

양	약	양	얀
얀	앝	얌	양
얌	양	앝	얌
약	얀	약	얀
양	약	양	약

13 ②

양	약	양	얀
얀	앝	얌	양
얌	양	앝	얌
약	얀	약	얀
양	약	양	약

14 ④

양	약	양	얀
얀	앝	얌	양
얌	양	앝	얌
약	얀	약	얀
양	약	양	약

15 ②

양	약	양	얀
얀	앝	얌	양
얌	양	앝	얌
약	얀	약	얀
양	약	양	약

16 ①

수영	수정	**수도**	수원	수산
수삼	수들	수울	수영	수가
수와	수서	수완	수만	수얼
수평	수질	수풀	**수번**	수맙
수화	수석	수먹	수덩	수돌

17 ③

수영	수정	수도	수원	수산
수삼	**수들**	수울	수영	수가
수와	수서	수완	수만	수얼
수평	**수질**	수풀	수번	수맙
수화	수석	수먹	수덩	수돌

18 ②

수영	수정	수도	수원	수산
수삼	수들	수울	수영	**수가**
수와	수서	수완	수만	수얼
수평	수질	수풀	수번	수맙
수화	수석	수먹	수덩	**수돌**

19 ④

수영	수정	수도	수원	수산
수삼	수들	수울	수영	수가
수와	수서	수완	수만	**수얼**
수평	수질	수풀	수번	수맙
수화	수석	**수먹**	수덩	수돌

20 ②

수영	수정	수도	수원	수산
수삼	수들	수울	수영	수가
수와	수서	수완	수만	수얼
수평	수질	수풀	수번	수맙
수화	수석	수먹	수덩	수돌

---

21 ②

제시된 예의 규칙을 파악하면 다음과 같다.

▶ 1행 색 반전
▷ 1행과 2행 교환
➡ 전체 색 반전
⇨ 1열과 2열 교환

$\begin{array}{|c|c|} \hline 1 & 2 \\ \hline 3 & 4 \\ \hline \end{array}$ ▶ $\begin{array}{|c|c|} \hline 1' & 2' \\ \hline 3 & 4 \\ \hline \end{array}$ ▷ $\begin{array}{|c|c|} \hline 3 & 4 \\ \hline 1' & 2' \\ \hline \end{array}$ ▶ $\begin{array}{|c|c|} \hline 3' & 4' \\ \hline 1' & 2' \\ \hline \end{array}$

---

22 ①

$\begin{array}{|c|c|} \hline 1 & 2 \\ \hline 3 & 4 \\ \hline \end{array}$ ▶ $\begin{array}{|c|c|} \hline 1' & 2' \\ \hline 3 & 4 \\ \hline \end{array}$ ⇨ $\begin{array}{|c|c|} \hline 2' & 1' \\ \hline 4 & 3 \\ \hline \end{array}$ ➡ $\begin{array}{|c|c|} \hline 2 & 1 \\ \hline 4' & 3' \\ \hline \end{array}$

---

23 ②

$\begin{array}{|c|c|} \hline 1 & 2 \\ \hline 3 & 4 \\ \hline \end{array}$ ▷ $\begin{array}{|c|c|} \hline 3 & 4 \\ \hline 1 & 2 \\ \hline \end{array}$ ⇨ $\begin{array}{|c|c|} \hline 4 & 3 \\ \hline 2 & 1 \\ \hline \end{array}$ ▶ $\begin{array}{|c|c|} \hline 4' & 3' \\ \hline 2 & 1 \\ \hline \end{array}$

---

24 ④

$\begin{array}{|c|c|} \hline 1 & 2 \\ \hline 3 & 4 \\ \hline \end{array}$ ⇨ $\begin{array}{|c|c|} \hline 2 & 1 \\ \hline 4 & 3 \\ \hline \end{array}$ ▶ $\begin{array}{|c|c|} \hline 2' & 1' \\ \hline 4 & 3 \\ \hline \end{array}$ ▷ $\begin{array}{|c|c|} \hline 4 & 3 \\ \hline 2' & 1' \\ \hline \end{array}$

25 ①

1	2
3	4

▶

1′	2′
3	4

⇨

2′	1′
4	3

▷

4	3
2′	1′

26 ②

1	2
3	4

▶

1′	2′
3	4

⇨

2′	1′
4	3

▷

4	3
2′	1′

27 ④

1	2
3	4

▷

3	4
1	2

▶

3′	4′
1	2

➡

3	4
1′	2′

28 ③

1	2
3	4

⇨

2	1
4	3

➡

2′	1′
4′	3′

⇨

1′	2′
3′	4′

29 ①

1	2
3	4

▶

1′	2′
3	4

⇨

2′	1′
4	3

▷

4	3
2′	1′

30 ②

1	2
3	4

▶

1′	2′
3	4

⇨

2′	1′
4	3

▷

4	3
2′	1′

1	2	3	4	5	6	7	8	9	10	11	12	13	14	15
③	①	④	②	②	③	①	①	②	③	②	③	④	①	①
16	17	18	19	20	21	22	23	24	25	26	27	28	29	30
③	③	②	②	③	②	②	②	③	②	②	②	②	④	②

1 ③

앞의 두 항을 더한 것이 다음 항이 되는 피보나치수열이다.

---

2 ①

$+5$, -3, $+5$, -3, $+5$, -3의 규칙을 가진다. 따라서 $6-3=3$

---

3 ④

1, 3, 5, 7항은 $+10$의 규칙을, 2, 4, 6, 8항은 -10의 규칙을 가진다. 따라서 $-5-10=-15$

---

4 ②

$+2$, $+2^2$, $+2^3$, $+2^4$, $+2^5$, $+2^6$의 규칙을 가진다.

---

5 ②

주어진 수는 소수(1과 자기 자신만으로 나누어 떨어지는 1보다 큰 양의 정수)이다. 19 다음의 소수는 23이다.

---

6 ③

분모가 88인 기약분수이다. $\dfrac{9}{88}$ 다음에 나올 기약분수는 $\dfrac{13}{88}$이다.

7 ①

홀수 항은 2의 배수 씩, 짝수 항은 3의 배수 씩 더해지며 증가한다.

---

8 ①

처음의 숫자에 3^0, -3^1, 3^2, -3^3, 3^4이 더해지고 있다.

---

9 ②

처음의 숫자에서 1^1, 2^2, 3^3, 4^4, 5^5이 더해지고 있다.

---

10 ③

$61+18$을 $180°$ 회전시켜 보면 $81+19$이 되어 100임을 알 수 있다.
$99+98$을 $180°$ 회전시켜 보면 $86+66$이 되어 152임을 알 수 있다.

---

11 ②

안경을 낀 학생 수를 x라 하면
안경을 끼지 않은 학생 수는 $x+300$이다.
$x+(x+300)=1,000$이므로 x는 350명이다.
안경을 낀 남학생을 $1.5y$라 하면,
안경을 낀 여학생은 y가 된다.
$y+1.5y=350$이므로 y는 140명이다.
따라서 안경을 낀 여학생 수는 140명이다.

---

12 ③

고무줄이 3배 늘어났으므로, 0.7cm에서 3배가 늘어난 2.1cm 떨어진 위치에 있게 된다.

13 ④

반	학생수	점수 평균	총점
A	20	70	1,400
B	30	80	2,400
C	50	60	3,000
합계	100		6,800

세 반의 평균을 구하면 $\dfrac{6,800}{100} = 68$(점)

14 ①

7이 백의 자리에 오는 수 : 700대의 수 100개(701, 702, 703, …)

7이 십의 자리에 오는 수 : 70대의 수 100개(10×10)

7이 일의 자리에 오는 수 : 7대의 수 100개(10×10)

15 ①

11층에서 1층까지 이동 시간 : $5 \times 10 = 50$(초)

홀수층마다 정지하면서 문이 열리고 닫히는 시간 : $3 \times 4 = 12$(초)

$\therefore 50 + 12 = 62$(초)

16 ③

10번의 경기에서 평균 0.6개의 홈런 : 6개 홈런

15번의 경기에서 평균 0.8개의 홈런 : 12개 홈런

따라서 남은 5경기에서 최소 6개 이상의 홈런을 기록해야 한다.

17 ③

길이가 Xm인 기차가 Ym인 다리에 진입하여 완전히 빠져나갈 때까지의 거리는 $(X+Y)$m이고, 속도 $= \dfrac{거리}{시간}$ 이므로 기차의 속도를 구하는 식은 다음과 같다.

$$\frac{(X+Y)\text{m}}{10\text{s}} = \frac{\left\{\dfrac{X+Y}{1,000}\right\}\text{km}}{\dfrac{10}{3,600}\text{h}} = \frac{9(X+Y)}{25}\text{km/h}$$

---

18 ②

주어진 조건에 따라 작업량을 구해보면
$A+B=X,\ A+C=Y,\ B+C=Z$
$X+Y+Z=A+B+A+C+B+C$
$X+Y+Z=2(A+B+C)$
$\therefore\ A+B+C = \dfrac{X+Y+Z}{2}$

---

19 ②

하루 당 정훈이가 하는 일의 양은 $\dfrac{1}{30}$, 하루 당 정민이가 하는 일의 양은 $\dfrac{1}{40}$

정민이는 계속해서 24일간 일 했으므로 정민의 일의 양은 $\dfrac{1}{40}\times24$

$1-\dfrac{24}{40}=\dfrac{16}{40}$ 이 나머지 일의 양인데 정훈이가 한 일이므로

나머지 일을 하는데 정훈이가 걸린 시간은 $\dfrac{16}{40}\div\dfrac{1}{30}=12$

$\therefore$ 정훈이가 쉬었던 날은 $24-12=12$(일)

---

20 ③

(파일을 내려 받는 데 걸린 시간) : (인터넷 사이트에 접속하는 데 걸린 시간) $= 4:1$
12분 30초는 750초이므로

(파일을 내려 받는 데 걸린 시간)$= 750 \times \dfrac{4}{5} = 600$(초)

따라서 내려 받은 파일의 크기는 $1.5 \times 600 = 900$(MB)

---

21 ②

10%의 소금물의 무게를 x, 5%의 소금물의 무게를 $300 - x$라고 할 때,

$$\dfrac{0.1x + 0.05(300 - x)}{300} = \dfrac{8}{100}$$

$x = 180$

∴ 10% 소금물 180g, 5% 소금물 120g을 섞으면 8% 소금물 300g을 만들 수 있다.

---

22 ②

지난 주 판매된 A 메뉴를 x, B 메뉴를 y라 하면

$$\begin{cases} x + y = 1,000 \\ x \times (-0.05) + y \times 0.1 = 1,000 \times 0.04 \end{cases}$$

두 식을 연립하면 $x = 400$, $y = 600$

따라서 이번 주에 판매된 A 메뉴는 $x \times 0.95 = 400 \times 0.95 = 380$명분이다.

---

23 ②

규민이의 하루 일의 양은 $\dfrac{1}{6}$, 영태의 하루 일의 양은 $\dfrac{1}{10}$

둘이 함께 할 때 하루 일의 양 $\dfrac{1}{6} + \dfrac{1}{10} = \dfrac{8}{30}$

일하는 일수를 x라 하면 $\dfrac{8}{30}x = \dfrac{8}{10}$

∴ $x = \dfrac{8}{10} \times \dfrac{30}{8} = 3$(일)

24 ③

버스의 길이를 xm라 할 때, 버스가 터널을 통과할 때 가는 거리는 $(x+A)$m이고, 철교를 지날 때 가는 거리는 $(x+B)$이다.

㉠ 터널을 지날 때의 속력 : $\dfrac{x+A}{5}$(m)

㉡ 철교를 지날 때의 속력 : $\dfrac{x+B}{9}$(m)

버스의 속력이 일정하므로 $\dfrac{x+A}{5}$(m)$=\dfrac{x+B}{9}$(m)

$\therefore\ x=\dfrac{5B-9A}{4}$

---

25 ②

12시부터 1시 20분까지는 80분이며 10분 간격으로 전화벨이 울린다. 처음 12시에 1번 울리고 이후에 8번이 울리므로 총 9번이 울린다.

---

26 ②

Bkm/h의 속도로 X지점까지 걸린 시간은 $\dfrac{A}{B}$

Ckm/h의 속도로 X지점에서 돌아온 시간은 $\dfrac{A}{C}$

총 걸린시간은 $\dfrac{A}{B}+\dfrac{A}{C}=\dfrac{AC+AB}{BC}=\dfrac{A(B+C)}{BC}$

---

27 ②

휴대폰 요금이 1분당 90원이므로 하루 통화요금이 1,800원이면 20분 쓰는 것이 된다.
하루에 20분씩 사용하므로 사용누적시간이 1,500분이 되는 때는 $1,500\div20=75$(일)
1월은 31일, 2월은 28일까지 있으므로 75일이 되는 날짜를 x라 하면
$31+28+x=75,\ x=16$
사용누적시간이 1,500분이 되는 때는 3월 16일이 된다.

28 ②

A는 B보다 10분 일찍 도착했지만 C보다는 4분 늦게 도착했다.

D는 B보다 5분 일찍 도착했고 회의 시작 전까지 15분의 여유가 있었다.

A, B, C, D의 도착 시간을 나열하면

∴ C는 24분 전에 도착했다.

---

29 ④

페인트 한 통으로 도배할 수 있는 넓이를 $x\text{m}^2$,

벽지 한 묶음으로 도배할 수 있는 넓이를 $y\text{m}^2$라 하면

$\begin{cases} x+5y=51 \\ x+3y=39 \end{cases}$ 이므로 두 식을 연립하면 $2y=12 \Rightarrow y=6,\ x=21$

따라서 페인트 2통과 벽지 2묶음으로 도배할 수 있는 넓이는

$2x+2y=42+12=54\,(\text{m}^2)$이다.

---

30 ②

전체 종이의 넓이를 A라 하면 $\dfrac{1}{3}\text{A}+\dfrac{45}{100}\text{A}+\dfrac{32}{100}\text{A}=\text{A}+27.9$

양변에 300을 곱하여 식을 정리하면

$100\text{A}+(45\times3)\text{A}+(32\times3)\text{A}=300(\text{A}+27.9) \Rightarrow 331\text{A}=300\text{A}+8,370$

∴ $\text{A}=270\,(\text{cm}^2)$

직업기초능력평가 정답해설

01 》》》 의사소통능력

1	2	3	4	5	6	7	8	9	10	11	12	13	14	15
③	②	①	①	④	②	③	④	④	④	④	③	④	③	④
16	17	18	19	20	21	22	23	24	25	26	27	28	29	30
③	④	③	②	④	④	①	②	③	④	③	①	④	④	②
31	32	33	34	35	36	37	38	39	40	41	42	43	44	45
①	③	④	③	①	④	④	④	③	③	③	①	③	③	①
46	47	48	49	50										
②	②	②	④	②										

1 ③

C 사원은 "채취된 시료 속의 총대장균군의 세균 수와 병원체 수는 비례하여 존재한다"고 본다. 문단에서는 온혈동물의 배설물을 통해서 다수의 세균이 방출되고, 총대장균군에 포함된 세균 수는 병원에의 수에 비례한다고 설명하고 있으므로 C 사원은 바르게 이해하였다.

---

2 ②

제시된 견해를 다음과 같이 분석할 수 있다.

A-1 : 인터넷으로 대표되는 정보통신기술혁명으로 세계는 근본적으로 변화했으므로 국경 없는 세계를 실현하기 위해 강력한 시장 자유화가 필요하다.

B-1 : 지금의 인터넷 혁명보다 과거의 가전제품 발명이 경제적, 사회적 영향이 더 컸다. 그러므로 옛것을 과소평가해서는 안 되고, 새것을 과대평가해서도 안 된다.

A-2 : 인터넷이 초래한 변화는 전 지구적이며 동시적이므로 가전제품의 영향력과 비교될 수 없다.

B-2 : 과거와 비교하여 세계화의 정도를 결정하는 것은 기술력이 아닌 정치이다.

을은 "A-1은 최근의 정보통신기술 혁명으로 말미암아 자본, 노동, 상품이 국경을 넘나드는 것이 보편적 현상이 되었다는 점을 근거로 삼고 있다."고 했는데, 제시된 견해를 바탕으로 가장 적절한 분석이다.

3 ①

갑은 2000년대 초 연준의 금리 인하로 국공채에 투자한 퇴직자의 소득이 줄어들어 금융업으로부터 정부로 부가 이동했다고 보고 있다. 그러나 네 번째 문단을 보면 금리 인하가 실시되면서 노년층에서 정부로, 정부에서 금융업으로 부의 대규모 이동이 이루어졌다. 즉 '금융업으로부터 정부로 부가 이동했다고 보는 것'은 제시문과 역행하는 것이다.

---

4 ①

② 사물이나 일이 생겨남. 또는 그 사물이나 일이 생겨난 바 – 유래
③ 충분히 잘 이용함 – 활용
④ 대상을 필요에 따라 이롭게 씀 – 이용

---

5 ④

제9회 어(語)울림 공모전의 응모문안은 개인 창작 문안으로 한글 30자 이내(띄어쓰기 불포함)다. 담당자가 예시한 문안은 30자를 초과하여 예시로 부적절하다.

---

6 ②

'심지어'는 '더욱 심하다 못하여 나중에는'이라는 의미를 가진다. 보기 중 대체할 수 있는 단어로는 '하물며'가 가장 적절하다.
① 게다가 : '거기에다가'가 줄어든 말
③ 상당히 : 수준이나 실력이 꽤 높이
④ 부단히 : 꾸준하게 잇대어 끊임이 없이

---

7 ③

'연상(聯想)하다'는 '하나의 관념이 다른 관념을 불러일으키다'라는 의미로 문맥상 ⓒ과 바꿔 쓰기에 적절하다.
① '봉합(縫合)하다'는 '수술을 하려고 절단한 자리나 외상으로 갈라진 자리를 꿰매어 붙이다'는 의미다.
② '보증(保證)하다'는 '어떤 사물이나 사람에 대하여 책임지고 틀림이 없음을 증명하다'라는 의미다.
④ '의지(依支)하다'는 '다른 것에 몸을 기대다, 다른 것에 마음을 기대어 도움을 받다'는 의미다.

8 ④

④ 종전 6개 직종에서 산재보험가입 특례가 적용되고 있었다.

① '법적 의무사항인 2년 이상 근무한 비정규직 근로자의 정규직 전환률도 높지 않은 상황이다'에서 알 수 있다.

② 상시 업무에 정규직 고용관행을 정착시키면 상시 업무에 정규직 직원만 고용되는 것이 아니라 비정규직 직원들의 정규직 전환 후 계속고용도 늘어나게 된다.

③ 서포터즈 활동 결과, 2016년에는 194개 업체와 가이드라인 준수협약을 체결하는 성과를 이루었다.

---

9 ④

3문단에서 '유학자들은 자신이 먼저 인격자가 될 것을 강조하지만 궁극적으로는 자신뿐 아니라 백성 또한 올바른 행동을 할 수 있도록 이끌어야 한다는 생각을 원칙으로 삼는다.'고 제시되어 있다. 여기서 유학자들에는 주희와 정약용이 포함되며, 인격자와 올바른 행동은 모두 도덕 실천에 해당한다는 것을 추론할 수 있다. 결론적으로 주희와 정약용은 모두 자신이 인격자가 되는 개인적인 도덕 실천을 백성 또한 올바른 행동을 할 수 있도록 이끌어야 한다고 보는 것이다. 즉 도덕 실천(올바른 행동)이 공동체 차원(백성들)로 확장되어야 한다고 보는 것이다.

① 1문단을 포함한 지문 전체에서 공자를 언급한 부분은 '유학자들은 「대학」의 명명덕과 친민을 공자의 말로 여긴다'는 것뿐이다. 이 내용만으로 공자가 '대학'을 건립했는지는 알 수 없다.

② 2문단에서는 명덕은 사람들이 본래 가지고 있는 밝은 능력인데 기질, 즉 성격 때문에 발휘되지 못할 때 잘못된 행동을 하게 된다고 제시되어 있다.

③ 3문단의 친민에 대한 해석 부분에서는 주희와 정약용 모두 '친'과 '신'이라는 잘의 정확성을 따지는 훈고를 언급했다.

---

10 ④

제시된 연구의 핵심은 새끼 쥐의 스트레스에 반응하는 정도가 어미 쥐가 새끼를 핥아주는 성향에 따라 달라진다는 것이다. 즉, 어미 쥐가 새끼를 많이 핥아줄 경우 새끼의 뇌에서 GR의 수가 더 많았고, 그 수를 좌우하는 GR 유전자의 발현은 NGF 단백질에 의해 촉진된다는 것을 확인할 수 있다. 많이 핥아진 새끼가 그렇지 못한 새끼에 비해 NGF 수치가 더 높다는 결과 또한 알 수 있다. 이 실험은 유전자의 발현에 영향을 미치는 요인으로 '핥기'라는 후천 요소를 지목하고 있음을 알 수 있다. 그러므로 밑줄 친 ㉠의 물음은 '후천 요소가 유전자 발현에 영향을 미칠 수 있는가?'가 적절하다.

11 ④

④ 丁은 과학연구가 계속 진행되었을 때, 그것이 인간사회나 생태계에 미칠 영향을 예측하는 것은 만만하지 않고 그래서 인문학, 사회과학, 자연과학 등 다양한 분야의 전문가들이 함께 소통하여야 한다는 입장이다. 그러나 乙은 과학이 초래하는 사회적 문제는 과학과 관련된 윤리적 문제를 전문적으로 연구하는 윤리학자에게 맡겨두어야지 전문가도 아닌 과학자가 개입할 필요가 없다고 말한다.

---

12 ③

③ 셋째 문단 첫 문장에서 '총대장균군에 포함된 세균이 모두 온혈동물의 분변에서 기원한 것은 아니지만, 온혈동물의 배설물을 통해서도 많은 수가 방출되고 그 수는 병원체의 수에 비례한다고 언급하도 있다.
① 식수가 분변으로 오염되어 있다면 분변에 있는 병원체 수와 비례하여 존재하는 비병원성 세균을 지표생물로 이용한다.
② 염소 소독과 같은 수질 정화과정에서도 병원체와 유사한 저항성을 가진다.
④ 병원체를 직접 검출하는 것은 비싸고 시간이 많이 걸릴 뿐 아니라 숙달된 기술을 요구한다.

---

13 ④

국제사회와 빚고 있는 무역갈등은 자국의 이기주의 또는 보호무역주의에 의한 또 다른 문제로 볼 수 있으며, 제시된 기후변화와 화석에너지 정책의 변화 내용과는 관련이 없는 내용이라고 할 수 있다. 트럼프 행정부의 에너지 정책 추진에 관한 내용과 에너지원 활용 현황, 국제사회와의 협약 이행 여부 관찰 등은 모두 제시글의 말미에서 정리한 서론의 핵심 내용을 설명하기 위해 전개하게 될 사항들이다.

---

14 ③

[출제의도]
주어진 자료에 나타난 단어를 한자로 올바르게 변환시킬 수 있는지를 평가하는 문항이다.
[해설]
① 減少(감소) : 양이나 수치가 줆
② 納品(납품) : 계약한 곳에 주문받은 물품을 가져다 줌
④ 決定(결정) : 행동이나 태도를 분명하게 정함

15 ④

[출제의도]

주어진 대화를 읽고 그 대화에 담긴 정보를 파악하는 능력을 측정하는 문항이다.

[해설]

① 잦은 업체 변경은 오히려 신뢰관계를 무너뜨릴 수 있으니 장기거래와 신규거래의 이점을 비교 분석해서 유리하게 활용하는 것이 필요하다.

② 단순한 주위의 추천보다는 서비스와 가격, 품질을 적절히 비교해서 업체를 선정해야 한다.

③ 한번 선정된 업체라 하더라도 지속적으로 교차점검하여 거래의 유리한 조건으로 활용해야 한다.

---

16 ③

[출제의도]

주어진 문서를 빠르고 정확하게 읽고, 문서의 내용을 정확하게 파악하는 능력을 측정하는 문항이다.

[해설]

① 건강보험공단에서 지원하는 제도이다.

② 임신지원금은 임신 1회당 50만원이나 다태아 임신 시에는 70만원이 지급된다.

④ 지원기간은 신청에 관계없이 이용권 수령일로부터 분만예정일+60일까지이다.

---

17 ④

모시는 동작의 대상은 '할머니'가 아니라 '어머니'이다. '모시다'라는 특수 어휘를 사용하여 행위가 미치는 대상을 높여 표현하고 있다.

---

18 ③

위 글은 직장 내에서의 의사소통의 부재로 인하여 팀까지 해체된 사례이다. 이는 이 팀장과 직원들 사이의 적절한 의사소통이 있었다면 부하직원들의 사표라는 극단적 처세를 방지할 수 있었을 것이다. 의사소통은 직장생활에서 자신의 업무뿐 아니라 팀의 업무에도 치명적인 영향을 미친다는 것을 보여주는 사례이다.

19 ②

② A-8 구매 고객에게는 50만 원 상당 백화점 상품권 또는 5년 소모품 무상 교체 서비스 혜택을 준다. 5년 소모품 무상 교체 이용권을 증정하는 것은 아니다.

---

20 ④

[출제의도]
주어진 공고를 읽고 그에 대한 상세 정보의 의미를 정확하게 이해, 수집하는 능력을 측정하는 문항이다.
[해설]
기타사항에 3개월 인턴 후 평가(70점 이상)에 따라 정식 고용 여부를 결정한다고 명시되어 있다.

---

21 ④

[출제의도]
기초적인 외국어 구사능력을 평가하는 문항으로, 영어로 된 문서를 토대로 내용을 정확하게 이해했는지를 평가한다.
[해설]
④ 그는 하루 동안 서울에 머무를 예정이다.
① KE 086, OZ 222을 탔다는 내용을 보아 두 편의 항공기를 이용했음을 알 수 있다.
② 4시 30분부터 6시까지 인사동 관광이 예정되어 있다.
③ 12시부터 2시까지 이사와 Seoul Branch에서 오찬약속이 있다.

---

22 ①

① B 대리가 영업부 회의에 참석한 것은 사실이나, 해당 업무보고서만으로 A 출판사 영업부 소속이라고 단정할 수는 없다.

23 ②

[출제의도]
주어진 인터뷰의 내용을 읽고 그에 대한 상세 정보의 의미를 정확하게 파악하는 능력을 측정하는 문항이다.
[해설]
지성준은 사랑의 도시락 배달에 대한 정보를 얻기 위해 김혜진과 면담을 하고 있다. 그러므로 ⓒ은 면담의 목적에 대한 동의를 구하는 질문이 아니라 알고 싶은 정보를 얻기 위한 질문에 해당한다고 할 수 있다.

---

24 ③

[출제의도]
주어진 회의 내용을 읽고 사회자의 역할을 제대로 파악했는지를 평가하는 문항이다.
[해설]
본부장은 첫 번째 발언에서 회의를 하게 된 배경과 의제, 참여자들의 발언 순서를 정하고 있으며 마지막 발언에서 다음 회의 안건에 대한 예고를 하고 있다. 그러나 각 팀의 의견에 대해 보충설명을 하고 있지는 않다.

---

25 ④

[출제의도]
주어진 회의 내용을 분석하여 문제가 되고 있는 상황을 확인하고 그에 대한 해결방안을 올바르게 파악했는지를 평가하는 문항이다.
[해설]
영업팀장은 팀별 자리배치 이동이라는 편집팀장의 의견은 수락하였으나 현실적인 이유를 들어 디자인팀장의 회의실 통화업무는 거절하였다.

---

26 ③

[출제의도]
주어진 대화 내용이 어느 의사소통 유형에 해당하는지를 구분하는 능력을 측정하는 문항이다. 의사소통은 크게 공식적인 것과 비공식적인 것으로 나뉜다.
[해설]
주어진 대화는 소비자센터의 상담원과 반품문의를 물어보는 고객과의 일대일 면담으로 정보전달적 공식적 의사소통이다.

27 ①

[출제의도]
주어진 대화의 내용을 통해 상담원이 구사하는 말하기 방식을 정확하게 파악했는지를 평가하는 문항이다.

[해설]
상담원은 반품 문제에 대한 해결방안을 요구하는 고객에게 정확한 정보를 제공하여 전달하고 있다.

---

28 ④

[출제의도]
상황이나 어법에 맞는 의사소통을 구사하는 능력을 측정하는 문항이다.

[해설]
제시된 글들은 모두 상황이나 어법에 맞지 않는 표현을 사용한 것이다. 상황에 따라 존대어, 겸양어를 적절히 사용하고 의미가 분명하게 드러나도록 어법에 맞는 적절한 언어표현이 필요하다.

---

29 ④

[출제의도]
주어진 자료와 개요를 비교하여 개요를 작성하는 능력을 측정하는 문항이다.

[해설]
ⓔ은 블랙아웃의 해결책이 제시되어야 하므로 '절전에 대한 국민 홍보 강화'로 내용을 수정한다.

---

30 ②

[출제의도]
주어진 자료를 읽고 내용의 맥락을 이해하고 있는가를 측정하는 문항이다. 맥락을 이해하는 것은 문서의 내용을 파악하여 그에 맞는 대응을 하기 위한 필수 능력이다.

[해설]
② 한 사람의 좋지 않은 행동이 집단 전체에 나쁜 영향을 미친다는 뜻으로 일부 사람들의 비윤리적 행태가 게시판 폐쇄라는 결과로 이어진 현 상황에 적절한 속담이라 볼 수 있다.

31 ①

[출제의도]

주어진 자료를 읽고 주장을 뒷받침하는 논거를 파악하는 능력을 측정하는 문항이다.

[해설]

(나)는 게시판을 폐쇄하겠다는 (가)의 의견에 반박하고 있으나 악플러에게도 한 번의 용서의 기회를 주어야 한다는 의견은 찾아 볼 수 없다.

---

32 ③

[출제의도]

주어진 업무일지를 읽고 그에 대한 상세 정보의 의미를 정확하게 이해, 파악하는 능력을 측정하는 문항이다.

[해설]

③ 지난 시즌이라고만 명시했지 구체적으로 언제 발간했는지 밝혀지지 않았다.

---

33 ④

[출제의도]

문제상황과 그에 대한 의견을 종합하여 해결책을 강구하는 능력을 측정하는 문항이다.

[해설]

원만한 협의를 위해서는 서로 갈등을 일으키는 사안에 대해서 충분한 대화와 의견을 조율하는 것이 바람직하다.

---

34 ③

[출제의도]

의견이 대립되는 상황에서 바람직한 협의를 이끌어내는 능력을 측정하는 문항이다.

[해설]

무조건적인 다수결의 방법보다는 협의를 위해서는 양쪽의 의견을 잘 경청해 본 다음 원만한 합의점을 찾는 것이 가장 옳다.

---

35 ①

이 회사는 이러닝(e-learning) 시스템을 통해 교육 서비스를 제공하는 온라인 전문 교육기관으로 면대면 교육 서비스를 제공하는 것은 아니다.

36 ④

[출제의도]

주어진 대화 정보를 토대로 내용을 파악하고 조합할 수 있는 능력을 측정하는 문항이다.

[해설]

방영일자를 확인하고 인터뷰 영상을 보관하는 것은 모든 인터뷰가 끝나고 난 이후의 상황이므로 가장 나중에 확인하도록 한다.

---

37 ④

[출제의도]

주어진 업무분장표를 읽고 그에 대한 상세 정보의 의미를 정확하게 이해하는 능력을 측정하는 문항이다.

[해설]

① 비품 및 시설의 전반적인 관리는 주요업무에 해당한다.

② 업무분장에 관한 사안은 팀장의 권한이다.

③ 팀 연간 계획의 설정이 위임가능하다는 내용은 제시되어 있지 않다.

---

38 ④

[출제의도]

주어진 일정의 내용을 올바르게 이해하고 있는지를 평가하는 문항이다.

[해설]

조승우 한국경영학회 회장은 인사말과 시상식을 하러 두 번 강단에 나온다.

---

39 ③

[출제의도]

효율적인 업무 처리를 위한 상사의 지시사항을 정확하게 파악, 수행하는 능력을 측정하는 문항이다.

[해설]

울산에서의 회의 참석 일정이므로 울산으로의 항공편 예약이 가장 시급하며, 그 이후 숙박시설을 예약해야 한다. 이 두 가지를 완료한 후 회의를 하기 위한 회의실을 신청한 후 회의 자료의 경우 내일 회의에서 사용하는 것으로 여유가 있기 때문에 가장 마지막에 행하도록 한다.

40 ③

[출제의도]
상대 질문의 내용을 파악하여 그에 맞는 대응을 적절하게 할 수 있는지를 평가하는 문항이다.
[해설]
집단적 의사소통상황에서는 협력적 상호작용이 중요하므로 중재자가 참여자 간의 의견이 자유롭게 오갈 수 있는 환경을 만들어 주는 것이 중요하다.

---

41 ③

③ 고객이 큰 소리로 불만을 늘어놓게 되면 다른 고객에게도 영향을 미치게 되므로 별도 공간으로 안내하여 편안하게 이야기를 주고받는 것이 좋으며, 시끄러운 곳으로 이동하는 것은 오히려 고객의 불만을 자극하여 상황을 더 악화시킬 우려가 있다.

---

42 ①

'완수'가 들어가서 의미를 해치지 않는 문장은 없다. 빈칸을 완성하는 가장 적절한 단어들은 다음과 같다.
㈎ 대처
㈏, ㈐ 수행
㈑ 대행
㈒ 대처

---

43 ③

위 내용을 보면 박 대리는 공적인 업무를 처리하는 과정에서 출판사 대표와의 사적인 내용을 담아 출판사 대표와 자신이 근무하는 회사에 피해를 안겨주었다.

44 ③

선택지 ③의 문장은 영희가 장갑을 낀 상태임을 의미하는지, 장갑을 끼는 동작을 하고 있었다는 의미인지가 확실치 않은 '동사의 상적 속성에 의한 중의성'의 사례가 된다.

① 수식어에 의한 중의성의 사례로, 길동이만 나이가 많은 것인지, 길동이와 을순이 모두가 나이가 많은 것인지가 확실치 않은 중의성을 포함하고 있다.

② 접속어에 의한 중의성의 사례로, '그 녀석'이 나와 아버지 중 아버지를 더 좋아하는 것인지, 아버지를 좋아하는 정도가 나보다 더 큰 것인지가 확실치 않은 중의성을 포함하고 있다.

④ 명사구 사이 동사에 의한 중의성의 사례로, 그녀가 친구들을 보고 싶어 하는 것인지 친구들이 그녀를 보고 싶어 하는 것인지가 확실치 않은 중의성을 포함하고 있다.

---

45 ①

죽음과 죽음에 대한 여러 측면의 질문을 던지며 그를 통한 답을 구하는 과정에서 점차 논점에 접근하고 있는 것이며, 중요 단어의 정의를 찾는 과정의 전개라고 볼 수는 없다.

② 삶과 죽음의 의미, 심리학자들의 주장 등에서 누구나 알 수 있는 상식을 제시하면서 삶과 죽음에 대한 새로운 이해를 하려는 시도가 나타나 있다.

③ 인간의 삶은 과학 기술적 접근 뿐 아니라 인문학적인 차원에서의 접근도 이루어져야 한다는 점, 삶의 목적은 철학적, 윤리적, 가치론적 입장에서 생각해 볼 수 있다는 점 등의 의견을 제시함으로써 특정 현상을 다양한 각도에서 조명해 보려는 의도가 보인다.

④ 상식에 속하는 일반적인 통념을 근원적으로 심도 있게 이해하기 위한 고찰 방법 즉, 과학 기술적 접근과 인문주의적 접근을 제안하고 있다.

---

46 ②

말하지 않아도 마음이 통하는 관계는 '최고의 관계'이지만, 비즈니스 현장에서 필요한 것은 정확한 확인과 그에 따른 업무처리이다.

47 ②

㈎ 두 명 이상의 이름을 나열할 경우에는 맨 마지막 이름 뒤에 호칭을 붙인다는 원칙에 따라 '최한국, 조대한, 강민국 사장을 등 재계 주요 인사들은 모두 ~'로 수정해야 한다. (X)

㈏ 외국인의 이름은 현지발음을 외래어 표기법에 맞게 한글로 적고 성과 이름 사이를 띄어 쓴다는 원칙에 따라 '버락 오바마 미국 대통령의 임기는 ~'으로 수정해야 한다. (X)

㈐ 중국 지명이므로 현지음을 한글로 외래어 표기법에 맞게 쓰고 괄호 안에 한자를 써야한다는 원칙에 따라, '절강(浙江)성 온주(溫州)'로 수정해야 한다. (X)

㈑ 국제기구나 외국 단체의 경우 처음에는 한글 명칭과 괄호 안에 영문 약어 표기를 쓴 다음 두 번째부터는 영문 약어만 표기한다는 원칙에 따른 올바른 표기이다. (O)

---

48 ②

문서적인 의사소통은 언어적인 의사소통에 비해 권위감이 있고, 정확성을 기하기 쉬우며, 전달성이 높고, 보존성도 크다. 언어적인 의사소통은 여타의 의사소통 보다는 정확을 기하기 힘든 경우가 있는 결점이 있기는 하지만 대화를 통해 상대방의 반응이나 감정을 살필 수 있고, 그때그때 상대방에게 설득시킬 수 있으므로 유동성이 있다. 또한 모든 계층에서 관리자들이 많은 시간을 바치는 의사소통 중에서도 듣고 말하는 시간이 상대적으로 비교할 수 없을 만큼 많다는 점에서 경청능력과 의사표현력은 매우 중요하다.

---

49 ④

㈑이 속한 단락의 앞 단락에서는 지역 특성을 고려하여 지자체가 분산형 에너지 정책의 주도권을 쥐어야 한다는 주장을 펴고 있으며, 이를 '이뿐만 아니라' 라는 어구로 연결하여 앞의 내용을 더욱 강화하게 되는 '각 지역의 네트워크에너지 중심'에 관한 언급을 하였다. 따라서 네트워크에너지 체제 하에서 드러나는 특징은, 지자체가 지역 특성과 현실에 맞는 에너지 정책의 주도권을 행사하기 위해서는 지역별로 공급비용이 동일하지 않은 특성에 기인한 에너지 요금을 차별화해야 한다는 목소리가 커지고 있다고 판단하는 것이 적절하다.

① 중앙 정부 중심의 에너지 정책에 대한 기본적인 특징으로, 대표적인 장점이 된다고 볼 수 있다.

② 분산형 에너지 정책과는 상반되는 중앙집중형 에너지 정책의 효율적인 특성이며, 뒤에서 언급된 NIMBY 현상을 최소화할 수 있는 특성이기도 하다.

③ 지자체별로 지역 특성을 고려한 미시적 정책이 분산형 에너지 정책의 관건이라는 주장으로 글의 내용과 논리적으로 부합한다.

50 ②

미리 준비하는 것도 적극적인 경청을 위한 좋은 방법이다. 수업시간이나 강연에 참가하여 올바른 경청을 하려면 강의의 주제나 강의에 등장하는 용어에 친숙하도록 하기 위해 미리 읽어 두어야 한다.

① 예측하기 : 대화를 하는 동안 시간 간격이 있으면, 다음에 무엇을 말할 것인가를 추측하려고 노력한다. 이러한 추측은 주의를 집중하여 듣는데 도움이 된다.

③ 질문하기 : 질문에 대한 답이 즉각적으로 이루어질 수 없다고 하더라도 질문을 하려고 하면 경청하는데 적극적이 되고 집중력이 높아진다.

④ 요약하기 : 대화 도중에 주기적으로 대화의 내용을 요약하면 상대방이 전달하려는 메시지를 이해하고, 사상과 정보를 예측하는데 도움이 된다.

1	2	3	4	5	6	7	8	9	10	11	12	13	14	15
④	④	④	④	③	③	①	④	④	①	②	③	③	④	④
16	17	18	19	20	21	22	23	24	25	26	27	28	29	30
③	③	①	②	①	②	③	④	①	②	①	①	④	②	②
31	32	33	34	35	36	37	38	39	40	41	42	43	44	45
①	②	②	④	③	①	④	②	④	②	①	②	③	④	①
46	47	48	49	50										
④	②	④	①	④										

1 ④

제시된 진술을 다음과 같이 정리할 수 있다.

㉮ : 내근 vs 외근(배타적 선언문)

㉯ : 내근 + 미혼→∼ 과장 이상

㉰ : 외근 + ∼ 미혼→과장 이상

㉱ : 외근 + 미혼→연금 저축 가입

㉲ : ∼ 미혼→남성

① '㉰'에 의해 과장 이상이 아닌 경우 외근을 하지 않거나 미혼이다. 김 대리가 내근을 한다면 그가 미혼이든 미혼이 아니든 지문의 내용은 참이 된다. 따라서 반드시 참은 아니다.

② '㉱'에 의해 박 대리가 연금 저축에 가입해 있지 않다면 그는 외근을 하지 않거나 미혼이 아니다. 박 대리는 미혼이므로 외근을 하지 않는다. 따라서 반드시 거짓이다.

③ 이 과장이 미혼이 아니라면 '㉯'에 의해 그가 내근을 하지 않는 경우도 성립한다. 따라서 반드시 참은 아니다.

2 ④

④ 두 번째 문단에 따르면 하급심 판결이더라도 당사자들 간에 상소하지 않기로 합의하고 합의서를 제출할 경우 판결은 선고 시인 11월 1일에 확정되므로 장 팀장이 옳은 판단을 내렸다.

① 세 번째 문단에 따르면 상소는 패소한 당사자가 송달받은 날로부터 2주 이내에 해야 한다. 오 주임은 상소를 언급하고 있는데 승소한 乙은 상소하지 않는다.

② 세 번째 문단에 따르면 甲이 패소하였으므로, 상소기한은 甲이 송달받은 10일부터 2주 이내인 24일이다.

③ 3세 번째 문단 마지막에 따르면 상소를 취하한 경우 상소기간 만료 시에 판결이 확정됨을 명시하고 있다.

---

3 ④

지문에 제시된 진술을 다음과 같이 정리할 수 있다.

대리 1 : A or/and B

팀장 2 : A → C

주임 1 : C + (D, E, F 중 1명)

대리 2 : E → F

주임 2 : not (B + D)

A or/and B이고, 반드시 C를 위촉하므로 다음과 같은 경우의 수가 나온다.

A	B	C	D	E	F
O	O	O			
O	×	O			
×	O	O			

B를 위촉할 경우 D는 위촉할 수 없다.

A	B	C	D	E	F
O	O	O	×		
O	×	O			
×	O	O	×		

E를 위촉할 때 반드시 F를 위촉하면 어떤 경우이든 가능하다. 이를 통해 도출할 수 있는 경우는 다음과 같다.

경우	A	B	C	D	E	F
1	O	O	O	×	O	O
2	O	O	O	×	×	O
3	O	×	O	O	O	O
4	O	×	O	×	O	O
5	O	×	O	×	×	O
6	O	×	O	O	×	×
7	×	O	O	×	O	O
8	×	O	O	×	×	O

정은 "D와 E 중 적어도 한 사람은 위촉해야 한다"고 진술했는데 '경우 2, 5, 8'과 같이 D나 E를 위촉하지 않고 F만 위촉할 수도 있다.

① 갑은 "총 3명만 위촉하는 방법은 모두 3가지"라고 했는데 참이다. (경우 5, 6, 8)

② 을은 "A는 위촉되지 않을 수 있다"고 했는데 참이다. (경우 7, 8)

③ 병은 "B를 위촉하기 위해서는 F도 위촉해야 한다"고 했는데 참이다. (경우 1, 2, 7, 8)

⑤ 무는 "D를 포함하여 최소인원을 위촉하려면 총 3명을 위촉해야 한다"고 했는데 참이다. (경우 6)

4　④

지문에 제시된 우수사원으로 표창받기 위한 조건을 다음과 같이 정리할 수 있다.

㉮ : 소속 부서에서 가장 높은 근무평점

㉯ : 근무한 날짜가 250일 이상

㉰ : 직원 교육자료 집필에 참여하고 직원 연수교육에 3회 이상 참석

㉱ : 정부출연연구소에서 활동한 사람은 그 활동 보고서가 인사부서 공식자료로 등록

조건과 지문의 진술을 통해 각 조건에 해당하는 후보를 다음과 같이 추론할 수 있다.

조건 ㉮ : 갑, 을, 병이 같은 부서 소속이고 갑의 근무평점이 가장 높다. 이때 세 부서가 근무평점 순으로 추천하므로 정, 무는 나머지 2개 부서 소속이고 각 부서에서 가장 높은 근무평점을 받았음을 알 수 있다. 따라서 조건을 충족하는 후보는 갑, 정, 무다.

조건 ㉯ : 250일 이상을 근무해야 조건이 충족되므로 조건을 충족하는 후보는 을, 병, 정이다.

조건 ㉰ : 250일 이상을 근무한 사람이 있으므로 갑과 무는 모두 직원 교육자료 집필에 참여하였다. 다섯 명의 후보 모두 직원 연수교육에 3회 이상 참석했으므로 조건을 충족하는 후보는 갑, 무다.

조건 ㉣ : 다섯 명의 후보 모두 직원 연수교육에 3회 이상 참석했으므로 이들 모두가 정부출연연구소에서 활동한 적이 있다. 여기서 250일 이상을 근무하여 활동 보고서가 인사부서에 공식 자료로 등록된 사람은 병이므로 조건을 충족하는 후보는 병이다.

이를 다음과 같이 표로 정리할 수 있다.

구분		최고평점	250일	집필＋연수	자료 등록
부서 1	갑	O	×	O	×
	을	×	O		×
	병	×	O		O
부서 2	정	O	O		×
부서 3	무	O	×	O	×

을을 제외한 4명은 두 가지 조건을 충족하므로, 우수 직원으로 반드시 표창받는다.

---

5 ③

- A는 "복어 독의 LD50 값은 0.01mg/kg 이상"이라고 했는데 옳은 평가이다. 보톡스의 LD50 값은 1ng/kg으로 복어 독보다 1만 배 이상 강하다고 했으므로 10,000ng/kg을 mg/kg으로 변환하면 $1ng = 10^{-6}mg$이므로 0.01mg/kg이 된다.
- B는 "일반적으로 독성이 더 강한 물질일수록 LD50 값이 더 작다"고 했는데 옳은 평가다. 반수를 죽음에 이르도록 할 때 필요한 물질의 양이 더 작다면 일반적으로 독성이 더 강하다고 할 수 있다.
- C는 "몸무게가 7kg인 실험 대상 동물의 50%가 즉시 치사하는 카페인 투여량은 1.4g이다."라고 했는데 옳은 평가다. 7kg 동물의 LD50 값은 1,400mg/kg이다. g와 mg는 1,000단위만큼 차이가 나므로, 1.4g/kg이다.
- D는 "몸무게가 60kg인 실험 대상 동물의 50%가 즉시 치사하는 니코틴 투여량은 1개비당 니코틴 함량이 0.1mg인 담배 60개비에 들어있는 니코틴의 양에 상응한다"고 했는데 이는 적절하지 않다. 몸무게와 담배 개비 수가 같으므로, 1kg에 대한 LD50 값이 0.1mg/kg인지 확인하면 된다. 그러나 니코틴의 LD50은 1mg/kg이다.

6 ③

박 연구원은 "식용 귀뚜라미와 동일한 양의 쇠고기를 생산하려면 귀뚜라미 생산에 필요한 물보다 500배의 물이 필요하다"고 본다. ② 문단과 ③ 문단을 종합적으로 고려해보면 식용 귀뚜라미 0.45kg을 생산하기 위해 물 3.8 ℓ 가 필요하다. 그런데 쇠고기의 경우 1,900 ℓ 의 4배 이상, 즉 7,600 ℓ 이상의 물이 필요하다. 즉 쇠고기는 귀뚜라미 생산보다 2,000배 이상의 물이 필요하다.

① ① 문단에 따르면 냉혈동물인 귀뚜라미는 먹이를 많이 소비하지 않는다고 설명한다. 이는 생산에 자원이 덜 들어간다는 것을 의미하므로 김 연구원은 적절히 평가하였다.

② ① 문단에 따르면 곤충의 종류 중 일부가 현재 식재료로 사용되고 있다. 또한, ③ 문단에서는 곤충 사육은 많은 지역에서 이루어지고 있음이 나타난다. 즉 사육은 많은 지역에서 이루어지고 있지만 식용으로 사용되는 곤충의 종류에 일부에 불과하다는 것으로 이 연구원은 적절히 평가하였다.

④ ② 문단에 따르면 동일한 자원으로 식용 귀뚜라미를 더 많이 생산할 수 있으므로 귀뚜라미 생산에 자원이 더 적게 든다는 것을 확인할 수 있다. 또한, ④ 문단에 따르면 식용 귀뚜라미의 판매 가격은 쇠고기의 가격과 큰 차이가 없으므로 정 연구원은 적절히 평가하였다.

⑤ ② 문단에 따르면 귀뚜라미를 사육할 때 발생하는 온실가스의 양은 가축을 사육할 때의 20%이다. 귀뚜라미를 기준으로 한다면 가축을 사육할 때 발생하는 온실가스의 양은 귀뚜라미를 사육할 때의 5배이므로 임 연구원은 적절히 평가하였다.

---

7 ①

K 직원은 "1960년대 말 @ 키는 타자기 자판에서 사라지면서 사용빈도가 점차 줄었다"고 한다. ③ 문단을 보면 @ 키는 20세기 말까지 사용빈도만 줄어들었을 뿐이지 타자기 자판에서는 사라진 것은 아니다. 따라서 K 직원은 잘못 평가하였다.

② ② 문단에는 @이 6세기부터 사용되었다는 단서가 제시되어 있다. 따라서 1,000년 이상 사용된 것이므로 L 소장은 적절히 평가하였다.

③ ② 문단에 따르면 '토마토 15@3달러'는 토마토 1개당 3달러일 때 토마토 15개의 가격을 나타낸다. 따라서 15×3=45달러인 것으로 P 직원은 적절히 평가하였다.

④ ② 문단에 따르면 @는 전치사, 측정 단위, 단가로 사용되었으며 이메일 기호로도 사용되었음이 나타나 있다. 따라서 H 팀장은 적절히 평가하였다.

⑤ ② 문단에 따르면 스페인의 @는 현재 9.5kg에 해당하며 포르투갈의 @은 현재 12kg에 해당한다. 특정 단위로 사용된 @의 질량은 동일하지 않으므로 Y 직원은 적절히 평가하였다.

8 ④

함수율은 목재 내에 함유하고 있는 수분을 백분율로 나타낸 것이다.

$$함수율 = \frac{원종자\ 무게 - 건조\ 종자\ 무게}{원종자\ 무게} \times 100$$

일반적으로 종자저장에 적합한 함수율은 5 ~ 10%로 제시되어 있으므로 이를 활용하여 건조 종자 무게를 확인할 수 있다.

건조 종자 무게를 X로 두는 경우 5(5) < (10 - X) ÷ 10 × 100 < 10(5)의 식을 만들 수 있다. 이를 통해서 건조 종자 무게는 각각 10 - X = 0.5, 10 - X = 1이므로 건조 종자 무게 X의 범위는 9 < X < 9.5임을 알 수 있다.

---

9 ④

4차 산업혁명 도래에 따른 대응 방안 보고서에는 현 수준에 대한 진단과 이를 통한 SWOT 분석이 제시되어 있다. 이때, 남 주임은 "지출 절감을 통한 시(市) 예산 기여 및 시민만족도 재고를 위해 기존 보유하고 있는 기술의 유지관리가 요구된다."고 하였다. 예산 기여에 대한 타당성은 인정되나, 공단의 SWOT분석을 보면 강점(S)으로 신기술 도입에 대한 경영진의 의지가 있으며 약점(W)으로 시대적 변화에 대응력이 미흡함이 나타난다. 이에 기존 보유하고 있는 기술의 유지관리보다는 공격적 전략(SO)으로 신기술을 통한 사업운영 효율화가 요구된다.

① 박 과장은 "과학기술혁명이 몰고 올 기회와 위협 앞에 조직구조 및 시스템 변화가 시급하며, 전문 인력 채용 및 대비책 마련이 불가피하다."고 했다. 노동집약적인 현재의 구조와 시대적 변화의 대응력 미흡에 대한 대책으로 타당하다.

② 이 대리는 "과학기술과 사회문화적 변화에 따른 제도적 보완으로 시(市) 주무부서와의 협력이 요구된다."고 했다. '협치서울협약 선언' 등으로 협업 환경 조성을 위해 타당성이 인정된다.

③ 허 주임은 "의회 조례개정 등을 통한 제도적 환경개선이 필요하며, 시대적 변화를 준비하기 위해 직원 개개인의 능동적인 동참이 요구된다."고 했다. 이 대리와 마찬가지로 타당성이 인정된다.

10 ①

㉠에 따라 A사는 20억 원, B사는 60억 원을 지급받는다. 그리고 ㉡에 따라 추가로 분배받는다.

ㄱ. ㉠에 따른 금액이 결정되어 있으므로, 각자 ㉡에 의해 분배받는 금액을 최대화하고자 한다. A사가 B사에 비해 지출한 비용의 비중이 가장 큰 것은 광고홍보비이며, B사가 A사에 비해 지출한 비용의 비중이 가장 큰 것은 연구개발비이다.

ㄴ. ㉠에 따라 분배받는 비용은 B사가 A사의 3배이다. 또한 연구개발비로 지출한 비용의 비중도 B사가 A사의 3배이다. 따라서 ㉡에 의해 B사가 A사의 3배를 분배받으며, 분배받는 총액 역시 3배가 된다.

ㄷ. A사와 B사의 판매관리비 지출액이 동일하므로 ㉡에 따라서는 동일하게 분배받는다. 그러나 B사는 ㉠에 따라 더 많이 분배받으므로 총액은 B사가 더 많다.

ㄹ. 광고홍보비를 기준으로 ㉡에 따라 지급받는 액수는 A사 : 120×2÷3=80(억 원), B사 : 120×1÷3=40(억 원)이다. 따라서 ㉠와 ㉡를 모두 고려한 총액은 A사, B사 모두 100억 원이다.

---

11 ②

[출제의도]
주어진 조건과 메뉴표에서 필요한 정보를 취사 · 선택하여 올바르게 계산하는 능력을 측정하는 문항이다.

[해설]
㉠ 할인 전 금액 : 2,800원(김부장님)+3,800원(유과장님)+3,500원(신대리님)+4,200원(정대리님)+3,000원(Y씨)=17,300원

㉡ 할인된 금액 : 금액이 10,000원 이상이므로 회원카드 제시하고 1,000원 할인하면 16,300원이다. 적립금이 2,000점 이상인 경우 현금처럼 사용가능하다고 했으나, 타 할인 적용 후 최종 금액의 10%까지만 사용가능하다고 했으므로 16,300원의 10%는 1,630원이다. 100원 단위로만 사용가능하므로 16,300원에서 1,600원을 할인 받으면 14,700원을 지불해야 한다.

12 ③

[출제의도]

주어진 조건을 활용하여 올바른 지문을 선택하는 능력을 측정하는 문항이다.

[해설]

㉠ 12월 17일에 조기를 먹어야 한다고 했고, 이틀 연속으로 같은 생선을 먹을 수 없으므로 홀수일에 조기를 먹고 짝수일에 갈치나 고등어를 먹으면 되므로 최대로 먹을 수 있는 조기는 16마리이다.

㉡ 매주 화요일에 갈치를 먹을 수 없다고 했으므로 6일 월요일에 갈치를 먹는다고 가정하면 2일, 4일, 6일, 8일, 10일, 12일, 15일, 18일, 20일, 22일, 24일, 26일, 29일, 31일로 먹으면 되므로 14마리이다.

㉢ 6일에 조기를 먹어야 하므로 2일, 4일, 6일, 8일, 10일, 12일, 14일까지 먹으면 17일날 조기를 먹어야 하므로 15일과 16일은 다른 생선을 먹어야 한다. 15일, 16일에 갈치나 고등어를 먹으면 되므로 12월 한달 동안 갈치, 조기, 고등어를 1마리 이상씩 먹게 된다.

---

13 ③

[출제의도]

주어진 조건과 점수표를 바탕으로 문제를 해결하는 능력을 측정하는 문항으로, 기초연산능력을 요구하는 문항이다.

[해설]

5점을 맞힌 화살의 개수가 동일하다고 했으므로 5점의 개수에 따라 점수를 정리하면 다음과 같다.

	1개	2개	3개	4개	5개	6개	7개
박과장	$5+18=23$	$10+15=25$	$15+12=27$	$20+9=29$	$25+6=31$	$30+3=33$	$35+0=35$
김과장	$5+21=26$	$10+18=28$	$15+15=30$	$20+12=32$	$25+9=34$	$30+6=36$	$35+3=38$

14 ④

[출제의도]

주어진 여러 조건들을 올바르게 파악하여 모든 조건을 만족시키는 대안을 제시하는 능력을 측정하는 문항이다.

[해설]

주어진 조건을 보면 관리과와 재무과에는 반드시 각각 5급이 1명씩 배정되고, 총무과에는 6급 2명이 배정된다. 인원수를 따져보면 홍보과에는 5급을 배정할 수 없기 때문에 6급이 2명 배정된다. 6급 4명 중에 C와 D는 총무과에 배정되므로 홍보과에 배정되는 사람은 E와 F이다. 각 과별로 배정되는 사람을 정리하면 다음과 같다.

관리과	A
홍보과	E, F
재무과	B
총무과	C, D

15 ④

[출제의도]

주어진 평가기준과 자료를 올바르게 파악하여 문제를 해결하는 문항으로 기초연산능력이 요구된다.

[해설]

업체별 평가기준에 따른 점수는 다음과 같으며 D업체가 65점으로 선정된다.

	시장매력도	정보화수준	접근가능성	합계
A	15	0	40	55
B	15	30	0	45
C	0	15	20	35
D	30	15	20	65

16 ③

[출제의도]

주어진 규정과 자료를 올바르게 파악하여 주어진 규정에 적합하도록 공공기관을 구분할 수 있는지를 평가하는 문항이다.

[해설]

③ C는 정원이 50명이 넘으므로 기타공공기관이 아니며, 자체수입비율이 55%이므로 자체수입액이 총수입액의 2분의 1 이상이기 때문에 공기업이다. 시장형 공기업 조건에 해당하지 않으므로 C는 준시장형 공기업이다.

17 ③

[출제의도]

주어진 조건에 적합하도록 자리 배정하는 문항으로, 논리적 사고력이 요구되는 문항이다.

[해설]

조건에 따라 배정한 결과는 다음과 같으며 1번 자리는 봉숙이가 앉게 된다.

1	2	3	4	5
봉숙	가영	세경	분이	혜진

18 ①

[출제의도]

주어진 조건을 올바르게 파악하여 문제 상황에 적합한 답을 도출하는 문항으로 논리적 사고력이 요구되는 문항이다.

[해설]

	소윤	홍미	효진	선정
감기(A)	×	×	×	○
배탈(C)	○	×	×	×
치통(B)	×	○	×	×
위염(D)	×	×	○	×

19 ②

[출제의도]

주어진 문제의 유형을 구분하고, 각 문제 유형의 특징이 무엇인지 묻는 문항이다.

[해설]

문제를 효과적으로 해결하기 위해 문제의 유형을 파악하는 것이 우선시 되어야 한다. 업무수행 과정 중 발생한 문제 유형으로는 발생형 문제(보이는 문제), 탐색형 문제(찾는 문제), 설정 형 문제(미래 문제)가 있는데 ①과 ③은 탐색형 문제이고, ④는 설정형 문제이다.

20 ①

[출제의도]
주요 과제를 해결하는데 있어서 가장 먼저 실시되는 것이 환경 분석이다. 분 문항은 3C 분석을 통해 문제가 발생한 환경을 분석할 수 있는 능력을 측정하는 문항이다.

[해설]
새로운 경쟁사들이 시장에 진입할 가능성은 경쟁사(Competitor)분석에 들어가야 할 질문이다.

---

21 ②

[출제의도]
같은 테스트 결과라도 그에 접근하는 방식이 사람마다 다를 수 있다. 본 문항은 보기 중 테스트 결과를 올바르게 분석하고 접근할 수 있는지를 확인하는 문항이다.

[해설]
② 시제품 B는 C에 비해 독창성 점수가 2점 높지만 총점은 같다. 따라서 옳지 않은 발언이다.

---

22 ③

[출제의도]
주어진 기준과 자료를 올바르게 파악하고 계산하는 능력을 측정하는 문항이다.

[해설]
㉠ 우선분배

　　S사 : 200억 원×0.05＝10억 원

　　H사 : 600억 원×0.05＝30억 원

㉡ 나중분배[200-40(우선분배금)＝160억 원]

　　S사 : 연구개발비＋광고홍보비＝100억 원＋250억 원＝350억 원

　　H사 : 연구개발비＋광고홍보비＝300억 원＋150억 원＝450억 원

　　→ 나중분배는 7 : 9로 나누어야 하므로 S사는 70억 원, H사는 90억 원을 분배받게 된다.

∴ S사는 총 80억 원, H사는 120억 원을 분배받는다.

23 ④

[출제의도]

주어진 기준과 자료를 올바르게 파악할 수 있는 능력을 측정하고, 변경된 조건에 의한 변화를 묻는 문항이다.

[해설]

판매관리비가 각 50억 원씩 감축되어도 나중분배를 위한 분배기준이 변화하지 않는다. 순 이익도 이전과 같았으므로 두 회사의 총 이익분배금이 이전과 변화가 없다.

---

24 ①

[해설]

B와 D의 효율성이 같으므로 $\dfrac{1,500}{ⓛ+300}=\dfrac{2,500}{500+500}$, 즉 ⓛ은 300이다.

A와 C의 효율성이 같으므로 $\dfrac{600}{200+100}=\dfrac{2,000}{800+ⓒ}$, 즉 ⓒ은 200이다.

효과성	A	B	C	D
	$\dfrac{600}{ⓐ}$	$\dfrac{1,500}{1,200}=1.25$	$\dfrac{2,000}{1,000}=2$	$\dfrac{2,500}{1,000}=2.5$

$\dfrac{600}{ⓐ}<1.25$이므로 ⓐ값은 480보다 큰 값이다.

---

25 ②

[출제의도]

주어진 자료를 활용하여 문제를 해결하는 능력을 측정하는 문항이다. 여러 가지 조건들을 시간 순으로 정리하여 한 눈에 들어오는 차트(간트차트)로 그려보면 쉽게 문제를 해결할 수 있다.

[해설]

② 최단 기간에 업무를 끝내기 위해 필요한 최소 인력은 8명이다.

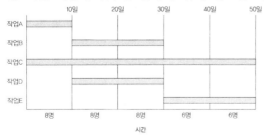

작업장 사용료 : 50일×50만 원=2,500만 원

인건비 : {(8인×30일)+{6인×20일)}×10만 원=3,600만 원

26 ①

[출제의도]

제시된 조건과 지도를 이용하여 가장 효과적인 방법을 찾아내는지 확인하는 문항이다.

[해설]

f 본사에 가서 서류를 받아야 하므로 f 본사와 e 연구소를 먼저 방문한다. 그리고 다음으로 가장 효율적으로 이동하기 위해서는 이동하는 거리 상 가까운 곳을 우선적으로 알아봐야 하는데 주어진 지하철 노선 상으로도 알 수 있듯이 ③ b-c-d-a는 가장 먼 거리로 이동하기 때문에 비효율적인 방법이다. 따라서 e에서 a로 이동하여 a에서 d로 이동한 다음 d에서 c로 이동하고 마지막으로 c에서 b로 이동하는 것이 가장 효율적인 방법이라 할 수 있다.

---

27 ①

[출제의도]

돌발 상황이 발생했을 때 해당 문제를 어떻게 해결하는지 묻는 문항이다.

[해설]

b-a-c로 이동하는데, b에서 a구역 중 반월당역은 왕복하게 되므로 편도로 계산한 후 따로 3분을 더해주고 이어 c로 이동하는 구간을 계산하면 된다.

(14개의 정거장×3분+3분)+5개의 정거장×3분+2번의 환승×10분=80분이다.

---

28 ④

[출제의도]

제시된 상황에서 가장 효율적인 방법을 찾는지 묻는 문항이다.

[해설]

총 18개의 정거장을 거쳐야 하므로 18×1,000원=18,000원이다.

29 ②

직업＼사람	지은	수정	효미
변호사	×	o	×
사업가	×	o	×
화가	o	×	×
은행원	×	×	o
소설가	×	×	o
교사	o	×	×

위에서 효미는 소설가로 결정되므로 답은 ①, ② 가운데 하나이다.
그런데 지은이는 교사이므로 효미는 은행원, 소설가이다.

---

30 ②

작품 밑에 참인 글귀를 적는 진수와 상민이 그렸다면, 진수일 경우 진수가 그리지 않았으므로 진수는 그림을 그린 것이 아니고 상민일 경우 문제의 조건에 맞으므로 상민이 그린 것이 된다.

---

31 ①

약속장소에 도착한 순서는 E-D-A-B-C 순이고, 제시된 사실에 따르면 C가 가장 늦게 도착하긴 했지만 약속시간에 늦었는지는 알 수 없다.

---

32 ②

[출제의도]
제시된 조건과 지도를 이용하여 문제를 해결하는 능력을 파악하는 문항이다.
[해설]
동문·서문·남문 앞에 설치하는 배너는 실외용이고 고급배너를 사용하므로
(25,000+30,000)×3=165,000원이고, 2관 내부에 설치하는 배너는 실내용이고 일반배너를 사용하므로 (20,000+25,000)×2=90,000원이므로 165,000+90,000=255,000(원)이다.

33 ②

[출제의도]
논리적 사고력을 요구하는 삼단논법에 대해 묻는 문항으로, 기본적인 삼단논법 구조를 알고 있으면 쉽게 풀 수 있는 문항이다.

[해설]
'만일 P면 Q이다, Q가 아니다, 그러므로 P가 아니다.'는 혼합 가언 삼단논법 가운데 후건 부정식의 형식이다. 따라서 정재가 범인이라면 혜수는 범인이 아닌데, 결국 혜수가 범인이라는 뜻은 정재가 범인이 아니라는 뜻이다.

---

34 ④

[출제의도]
주어진 여러 개의 전제를 통해 적절한 결론을 도출할 수 있는지를 평가하는 문항이다.

[해설]
두 번째 전제의 대우인 '동호회를 선호하는 사람은 책을 좋아하지 않는다'와 세 번째 전제인 '나는 동호회를 선호한다'를 유추해 볼 때 '나는 책을 좋아하지 않는다'의 결론을 내릴 수 있다.

---

35 ③

[출제의도]
주어진 조건의 참, 거짓을 판단하여 조건에 부합하는 결론을 제시하는 능력을 측정하는 문항이다.

[해설]
㉠ 김종국이 진실을 말한 경우
  부정행위를 한 사람은 이광수가 되고 강개리는 진실을 말한 것이 되어 조건에 어긋난다.
㉡ 이광수가 진실을 말한 경우
  • 부정행위를 한 사람이 김종국일 경우, 강개리는 진실을 말한 것이 되어 조건에 어긋난다.
  • 부정행위를 한 사람이 강개리일 경우, 김종국과 강개리가 모두 거짓말을 하게 되어 문제의 조건이 모두 성립한다.
㉢ 강개리가 진실을 말한 경우
  • 부정행위를 한 사람이 김종국일 경우, 이광수가 진실을 말한 것이 되어 문제의 조건에 어긋난다.
  • 부정행위를 한 사람이 이광수일 경우, 김종국이 진실을 말한 것이 되어 조건에 어긋난다.
∴ 그러므로 부정행위를 한 지원자는 강개리이다.

36 ①

[출제의도]
주어진 환경을 파악하고 이를 분석하여 올바른 전략이나 대안을 제시하는 능력을 측정하는 문항이다.

[해설]

② 취업경쟁이 심화되고 있으나 전공이해도가 높은 것은 ST전략에 해당한다.

③ 나이나 학력 등의 스펙을 보지 않는 기업이 많아져 취업 진입장벽이 낮아지는 것은 WO전략에 해당한다.

④ 취업경쟁의 심화 속에서도 긍정적인 마인드로 극복해나가는 것은 ST전략에 해당한다.

---

37 ④

주어진 시간자원 정보를 토대로 시간을 효율적으로 활용할 수 있는지를 평가하는 문항이다.

[해설]

가팀, 다팀을 연결하는 방법은 2가지가 있는데,

㉠ 가팀과 나팀, 나팀과 다팀 연결 : 3+1=4시간

㉡ 가팀과 다팀 연결 : 6시간

즉, 1안이 더 적게 걸리므로 4시간이 답이 된다.

---

38 ②

[출제의도]
주어진 시간자원 정보를 토대로 시간을 효율적으로 활용할 수 있는지를 평가하는 문항이다.

[해설]

다팀, 마팀을 연결하는 방법은 2가지가 있는데,

㉠ 다팀과 라팀, 라팀과 마팀 연결 : 3+1=4시간

㉡ 다팀과 마팀 연결 : 2시간

즉, 2안이 더 적게 걸리므로 2시간이 답이 된다.

39 ④

[출제의도]
주어진 시간자원 정보를 파악하여 실제 업무상황에서 시간자원을 어떻게 활용하고 할당하는지를 평가하는 문항이다.

[해설]
현수막을 제작하기 위해서는 라, 다, 마가 선행되어야 한다. 그렇기 때문에 최소한 6일이 소요된다.
∴ 세미나 기본계획 수립(2일)+세미나 발표자 선정(1일)+세미나 장소 선정(3일)

---

40 ②

[출제의도]
주어진 시간자원 정보를 파악하여 실제 업무상황에서 시간자원을 어떻게 활용하고 할당하는지를 평가하는 문항이다.

[해설]
동시에 작업이 가능한 일도 있지만 최대 시간을 구하라 했으므로 다 더한 값인 11일이 답이 된다.

---

41 ①

문제에 봉착했을 경우, 차분하고 계획적인 접근이 필요하다. 자칫 우리가 흔히 알고 있는 단순한 정보들에 의존하게 되면 문제를 해결하지 못하거나 오류를 범할 수 있다.
문제 해결을 위해 필요한 4가지 기본적 사고는 다음과 같다.
• 분석적 사고를 해야 한다(선택지 ②)
• 발상의 전환을 하라(선택지 ③)
• 내·외부 자원을 효과적으로 활용하라(선택지 ④)

---

42 ②

'so what?' 기법은 "그래서 무엇이지?"하고 자문자답하는 의미로, 눈앞에 있는 정보로부터 의미를 찾아내어, 가치 있는 정보를 이끌어 내는 사고이다. 주어진 상황을 보고 현재의 알 수 있는 것을 진단하는 사고에 그치는 것은 바람직한 'so what?' 기법의 사고라고 할 수 없으며, 무엇인가 의미 있는 메시지를 이끌어 내는 것이 중요하다. 선택지 ②와 같이 상황을 망라하여 종합적이고 명확한 주장을 펼치는 사고가 'so what?' 기법의 핵심이라 할 수 있다.

43 ③

네트워크와 유통망이 다양한 것은 자사의 강점이며 이를 통하여 심화되고 있는 일본 업체와의 경쟁을 우회하여 돌파할 수 있는 전략은 주어진 환경에서 적절한 ST전략이라고 볼 수 있다.

① 세제 혜택(O)을 통하여 환차손 리스크 회피 모색(T)
② 타 해외 조직의 운영 경험(S)을 살려 업무 효율성 벤치마킹(W)
④ 해외 진출 경험으로 축적된 우수 인력(S) 투입으로 업무 누수 방지(W)

---

44 ④

문제해결의 5단계 절차는 문제 인식 → 문제 도출 → 원인 분석 → 해결안 개발 → 실행 및 평가의 과정으로 진행된다.

---

45 ①

제시된 항목들은 다음과 같은 특징을 갖는다.

• 브레인스토밍(창의적 사고) : 브레인스토밍은 집단의 효과를 살려서 아이디어의 연쇄반응을 일으켜 자유분방한 아이디어를 내고자 하는 것으로, 창의적인 사고를 위한 발산 방법 중 가장 흔히 사용되는 방법이다.
• 결단성(비판적 사고) : 모든 필요한 정보가 획득될 때까지 불필요한 논증, 속단을 피하고 모든 결정을 유보하지만, 증거가 타당할 땐 결론을 맺는다.
• 비교 발상법(창의적 사고) : 비교 발상법은 주제와 본질적으로 닮은 것을 힌트로 하여 새로운 아이디어를 얻는 방법이다.
• 지적 호기심(비판적 사고) : 여러 가지 다양한 질문이나 문제에 대한 해답을 탐색하고 사건의 원인과 설명을 구하기 위하여 질문을 제기한다.
• 생각하는 습관(논리적 사고) : 논리적 사고에 있어서 가장 기본이 되는 것은 왜 그런지에 대해서 늘 생각하는 습관을 들이는 것이다.
• 타인에 대한 이해(논리적 사고) : 반론을 하든 찬성을 하든 논의를 함으로써 이해가 깊어지거나 논점이 명확해질 수 있다.
• 다른 관점에 대한 존중(비판적 사고) : 타인의 관점을 경청하고 들은 것에 대하여 정확하게 반응한다.

46 ④

주어진 글은 논리적 사고에 대한 글이며, 논리적인 사고를 하기 위해서는 생각하는 습관, 상대 논리의 구조화, 구체적인 생각, 타인에 대한 이해, 설득의 5가지 요소가 필요하다.

논리적인 사고의 핵심은 상대방을 설득할 수 있어야 한다는 것이며, 공감을 통한 설득에 필요한 가장 기본적인 사고력이 논리적 사고인 것이다.

---

47 ②

현재 발생하지 않았지만 장차 발생할지 모르는 문제를 예상하고 대비하는 일, 보다 나은 미래를 위해 새로운 문제를 스스로 설정하여 도전하는 일은 조직과 개인 모두에게 중요한 일이다. 이러한 형태의 문제를 설정형 문제라고 한다. 설정형 문제를 해결하기 위해서는 주변의 발생 가능한 문제들의 움직임을 관심을 가지고 지켜보는 자세가 필요하며, 또한 문제들이 발생했을 때 그것이 어떤 영향을 가져올지에 대한 논리적 추론이 가능해야 한다. 이러한 사고의 프로세스는 논리적 연결고리를 생성시킬 수 있는 추론의 능력이 요구된다고 볼 수 있다.

---

48 ④

주어진 조건에 의해 가능한 날짜와 연회장을 알아보면 다음과 같다.

우선, 백 대리가 원하는 날은 월, 수, 금요일이며 오후 6시~8시까지 사용을 원한다. 또한 인원수로 보아 A, B, C 연회장만 가능하다. 기 예약된 현황과 연회장 측의 직원들 퇴근 시간과 시작 전후 필요한 1시간씩을 감안하여 예약이 가능한 연회장과 날짜를 표시하면 다음과 같다.

일	월	화	수	목	금	토
			1 A, C	2 B 19시 D 18시	3 A, B	4 A 11시 B 12시
5	6 A	7	8 B, C	9 C 15시	10 A, B	11
12	13 A, B	14 A 16시	15 B, C	16	17 A, C	18

따라서 A, B 연회장은 원하는 날짜에 언제든 가능하지 않다.
① 가능한 연회장 중 가장 저렴한 C 연회장은 월요일에 사용이 불가능하다.
② 6일은 가장 비싼 A 연회장만 사용이 가능하다.
③ 인원이 200명을 넘지 않으면 가장 저렴한 C 연회장을 1, 8, 15, 17일에 사용할 수 있다.

---

49 ①

문제처리능력이란 목표와 현상을 분석하고 이 분석결과를 토대로 문제를 도출하여 최적의 해결책을 찾아 실행, 평가 처리해 나가는 일련의 활동을 수행하는 능력이라 할 수 있다. 이러한 문제처리능력은 문제해결절차를 의미하는 것으로, 일반적인 문제해결절차는 문제 인식, 문제 도출, 원인 분석, 해결안 개발, 실행 및 평가의 5단계를 따른다.
주어진 〈보기〉의 (개)~(매)의 내용은 이 5단계의 역순으로 제시되어 있다.

---

50 ④

무항공사의 경우 화물용 가방 2개의 총 무게가 20×2=40kg, 기내 반입용 가방 1개의 최대 허용무게가 16kg이므로 총 56kg까지 허용되어 무항공사도 이용이 가능하다.
① 기내 반입용 가방의 개수를 2개까지 허용하는 항공사는 갑, 병항공사 밖에 없다.
② 155cm 2개는 화물용으로, 118cm 1개는 기내 반입용으로 운송 가능한 곳은 무항공사이다.
③ 을항공사는 총 허용무게가 23+23+12=58kg이며, 병항공사는 20+12+12=44kg이다.

수험서 전문출판사 서원각

목표를 위해 나아가는 수험생 여러분을 성심껏 돕기 위해서 서원각에서는 최고의 수험서 개발에 심혈을 기울이고 있습니다. 희망찬 미래를 위해서 노력하는 모든 수험생 여러분을 응원합니다.

공무원 대비서

취업 대비서

군 관련 시리즈

자격증 시리즈

동영상 강의

2021 공무원 시험에 대비하는
서원각 공무원 시리즈

파워특강 | 5/7/10개년 기출문제 | 전과목 총정리

파워특강 시리즈
공시가 처음인 수험생이라면!

· 기출문제와 연계해 체계적으로 정리한 핵심이론
· 출제예상문제 + 최신 기출문제로 충분한 문제풀이 가능!

5/7/10개년 기출문제 시리즈
시험 출제경향이 궁금하다면!

· 최신 기출문제부터 과년도 기출문제까지~
· 5/7/10개년으로 다양하게 구성! 원하는 도서를 PICK!

전과목 총정리 시리즈
전과목을 한 번에 정리하고 싶다면!

· 필수 5과목이 단 한 권에~
· 전과목을 빠르게 정리해 보고 싶다면 추천!